すべての経営者・
内部監査人へ捧げる

内部監査を活かす術

プロがあかす監査業務の38の極意

アイ・エー・アーク コンサルティング株式会社
近藤 利昭［著］

社団法人 金融財政事情研究会

はじめに

わたしが講演する内部監査のキャリアセミナーには、毎回三〇名を超す人びとが参加する。ほとんどは内部監査を経験したことがない方たちである。彼らの視線は熱く真剣みを帯び、一言も聞き漏らさないぞという緊張感が伝わってくる。内部監査へこれだけの注目が向けられる日が、これほど早く訪れようとは思わなかった。予想をはるかに超えた、企業をめぐる環境変化のスピードである。

一九九七年に初めて内部監査に携わり、海外のプロの内部監査人と仕事を共にした。この経験があってこそ、いまの自分が存在する。二〇〇二年三月に二五年お世話になった会社に別れを告げ、プロの内部監査人として新たな航路に漕ぎ出した。

内部統制の時代が本格的に到来したいま、自身の旅立ちは決して間違いではないことが証明された。しかし、コンサルティング活動などを通じ、日本企業の内部統制の現況を知るにつけ、残念ながら日本の内部監査を担う人材は、その質も量もまだまだ足りないことがわかった。時代は本物を知る内部監査人を求めている。

内部監査は徒弟制度ではない。先輩の監査を黙ってみて覚えるものではない。リスクアプローチの理論をしっかり頭に叩き込み、そのうえで実のある、生きた実務経験を積むことだ。頭とからだを効果的に使うことで、自らを確実に成長させることができる。

内部監査は内部統制を評価する、というとむずかしい仕事のように聞こえるが、決してそうではない。組織で育ち、生きてきた人間であれば、そこに少し意味合いの理論を重ね合わせることによって、だれでもいままで培った経験をすべて活用することができる。内部監査とはそのような仕事だ。

内部監査に関する出版物は、数年前に比べるとおどろくほど多い。内部監査に携わる者にとって恵まれた時代となった。しかし、それらの多くは内部監査の要点をレッドブックや金融検査マニュアルなどに則って説明した、監査の解説書にすぎない。内部監査を知る者にはよくわかる内容だが、上場会社三八〇〇有余の読者層にとっては、期待するほどには実務的でなく、どう行うのか、どこが重要なのかという観点からは、もう一つ理解が深まるとはいいがたい。

本書は、経験はないが内部監査に興味をもつ方々、新たに内部配属された監査担当者、部員の指導研修の責任者を対象として、内部監査を理解するうえで覚えておくべき箴言《しんげん》をまとめた。内部監査の仕事を、初心者の目線でできるだけやさしく語った。専門書にはない〝生〟の内部監査をイメージいただければ幸いである。そして、内部統制の整備に責任をもつ経営者の方々においては、内部監査の目的と価値を経営の観点から再確認するためにお役立ていただければ望外の喜びである。

三年先、五年先の自分をしっかり見据え、専門性に磨きをかけることによって、自身の市場価値を高めることが可能となる。多くのみなさんに内部監査はおもしろいと感じていただき、少しでも読者のキャリア形成のお役に立つことを望んでやみません。

二〇〇八年七月

アイ・エー・アーク コンサルティング株式会社

代表取締役　近藤　利昭

目　次

第3章　往査の基本をマスターせよ

第4章　監査報告書に監査担当者の魂を込めよ

第5章　高度な専門性とレベルアップを目指して

第6章　市場価値の架け橋

第1章

内部監査はここをおさえろ

その1

内部監査はプロセスである

内部統制がプロセスであると定義されているように、内部監査もまたプロセスである。そして内部監査はそのプロセスの完成度によって評価される。これは、監査業務に携わる者にとって非常に重要である。

業務監査部や経営監査部等の内部監査部門に初めて配属されると、十分な教育・研修も受けずに、先輩諸氏から「まずは現場に行って話をよく聞いてこい」「先輩に帯同しみてまねをすればよい」、なかには「なんでもいいから指摘を挙げろ」といった乱暴な指導を受けた経験をした人は少なくないだろう。

二〇〇六年の会社法、〇七年の金融商品取引法など、内部統制に関連した法律が施行され、その有効性を評価する内部監査に期待が集まる。業務監査部に配属となったという複雑な気持ちに、追い打ちをかけるような先任者の厳しい言葉、何をしたらよいのか、準備はどうするのか、そもそも監査とは何だ、さまざまな思いが心を揺さぶり、それまでに営業現場で積み上げた実績への自信が揺らぐ。

はじめに、内部監査のプロセスの重要性について簡単に説明する。

COSOが公表するInternal Control – Integrated Frameworkに、内部統制はこう定義されている。

「Internal control is broadly defined as PROCESS,（筆者強調）effected by an entity's board of directors, senior management and other personnel, designed to provide reasonable assurance regarding the achievement of objectives in the following categories;…」

要約すれば、「内部統制は、業務の有効性・効率性、財務報告の信頼性、コンプライアンスの三つの企業目的を達成するために、社内に構築されたプロセスである」。内部統制は、成果実績主義に基づく新人事制度や高度に分散化された新システムの導入などといった、何か一つの施策を示すものではない。経営トップをはじめとして全社員を対象に、整備、統一された企業文化や経営方針、組織体制を含む社内全体の仕組みを指す。いわば社内の細部にまで張りめぐらされた仕組みの〝面〟といえる。会社全体を表す〝面〟は、あらゆる階層でＰＤＣＡ（Plan, Do, Check, Action）を基本として、それぞれの目標や目的を達成するために運営される。

内部監査の本質もまた、継続的に実行されるプロセスである。ゴールに向かって敷設された鉄道のレールのようなものだ。それは、単に重要な指摘事項の有無や多寡、あるいは起承転結にまとめられた優れた監査報告書を示すものではない。たまに、「内部監査は監査報告書がすべてである」と勘違いしているＣＡＥ（内部監査担当役員）や内部監査部長が見受けられるが、指摘事項や監査報告書の内容が、完成されたプロセスから生まれたものでなければ、その信憑性や有効性に一〇〇％の信頼を置くことはできない。

さて、内部監査のプロセスを、内部統制の面上を縦横に走る〝点と線〟で説明するとこうなる。取締役会等で承認された内部監査規程（Audit Charter）や内部監査の運用手続（Audit Manual）は、監査業務の一連のプロセス、すなわち〝線〟を表す。その線上に〝点〟として重要な指摘事項や監査報告書が存在する。各々の点は単独ではあまり意味をもたない。点は、精緻に設計され承認されたプロセスの線上にあって、はじめて重要な意義をもつ。

では、内部監査のプロセスとはなんだろう。内部監査の品質評価の対象となる監査業務のプロセスは、監査体制の基盤の構築と監査業務に分けられる。個別の監査業務は、ａ事前準備、ｂ往査、ｃ事後作業の三つのステージに分かれる。ａの事前準備とは、予備調査に基づく業務監査の目的と範囲を定義した個別監査計画書の作成、業務処理に潜在するリスクとリスクを減ずる統制手続（Control）の明示、監査プログラムの作成などである。ｂの往査では、監査拠点での実査のプロセス、ｃの事後作業では、監査調書の作成・承認、監査報告書の作成・承認・発行、フォローアップ態勢等が挙げられる。

これらを体系的に規定したものが内部監査規程であり、運用手続の細則を取りまとめた内部監査マニュアルだ。監査のレポーティンググラインや要員、研修体系などの体制となら び重要な基盤をなす。特に、内部監査規程は監査関連の最上位の規程に位置づけられ、外部からの品質評価で真っ先にレビューを受ける重要な規程である。時にして、行き当たりばったりの指摘事項や無計画で落ち穂拾い的な監査報告書に出くわすことがあるが、監査担当者にとってそれでは寂しい。指摘事項の羅列や監査報告書だけでは、事前に想定されたリスクの内容や現場でのコントロールの有効性が伝わりづらく、監査結果についての正当性の判断がつきかねる。

内部監査に初めて携わる者にとって、監査のプロセスを重視することがその後の糧となるということを十分に心に留めておきたい。

その2

奥が深い内部監査の専門性を身につけよ

内部監査の高度な専門性を身につけ、監査業務に生かすことが必要だ。専門性は広範な分野におよぶため、自分の市場価値を高めることにもなる。時宜《じぎ》に適《かな》った投資を惜しまず、知見の幅を広げる努力を怠るな。

「内部監査の専門性とはなんですか?」筆者が内部監査部長や経営陣からよく聞かれる質問だ。二〇〇〇年当時は「海外のプロの内部監査人(Internal Auditor)と対等に内部監査の話ができることです」と、答えていた。内部監査の役割、否、存在すら日本の社会で認知されていなかった時代のことである。漠然とした回答にさぞかし困惑したことであろう。〝専門性〟を一言で言い表すことはむずかしい。米国の内部監査人協会(IIA)が認定する公認内部監査人(CIA)の資格を有することか。否、それでは不十分だ。CIAでも監査能力が伴わない者を随分みてきた。では、毎回指摘事項を多く発見する者か。

これも不十分だ。溜まったゴミや汚れを掃いてきれいにするような軽微な指摘（これを英語で〝ハウスキーピング〟と呼ぶ）を何件検出しても、リスク管理の有効性の評価につながるとは限らない。

よく聞かれるもう一つの質問がある。「専門性が一番要求されるのはだれですか？」これは自明である。答えは内部監査部長である。残念ながら、ここが一番の課題といっても過言ではない。内部監査部長の器以上に組織は伸びない。専門性の高い優秀なスタッフの助言で多少膨張することはあっても、限度を超えると破裂してしまう。ひるがえって、内部監査の組織を活性化するには、部長に専門家を配置することだ。これが一番の早道である。

内部監査は、社内に整備された内部統制の有効性を評価する。したがって、内部監査と同様に内部統制の知識も不可欠となる。このように内部監査に求められる専門性は、内部統制を含めた広範囲なものとなる。具体的には、

●社内のリスクマネジメントを全社的な視野で評価できる。
●リスクアプローチによる内部監査を実施し改善提案ができる。
●リスクコントロールの種類を熟知し、リスクの低減に最も効果的な統制活動を説明で

きる。

●内部統制を〝プロセスチェック〟で評価できる。
●内部監査の監督業務（Supervision）を担うことができる。
●コンプライアンス態勢の改善点を提案できる。
●内部統制の自己評価（ＣＳＡ）のファシリテーションの役割を担うことができる。
●不正行為に対する内部監査の役割と責任を説明できる。
●日本版ＳＯＸ法（以下、Ｊ－ＳＯＸ）で求められる有効性評価を実施できる。
●内部監査の〝内部〟の品質評価を実施できる。
●監査役との連携により業務監査のシェアができる。
●監督当局へ会社の内部統制の状況を説明できる。
●内部監査の専門用語に精通している。
●内部監査の専門的な資格をもっている。

といえよう。

内部監査の専門性の奥行は深く、研鑽を要する領域はビジネスの発展とともにさらに広がっている。たとえば、インターネットを経由した仮想社会のｅビジネスが世界を席巻し、法体系の未整備とも重なって、この分野におけるリスクが顕在化している。ｅビジネスを営む会社の内部監査部門には、ｅビジネスについてのなんらかの警告を経営に発する責任がある。しかし、それ以前にｅビジネスにおける電子商取引の実態や特有のリスクの内容、インターネットセキュリティに関する基本的な知識を蓄えることが必要となる。

これからは、内部監査の専門性が、経営に資する品質の高い監査活動を実施するうえでの必須の要件となる。その領域は奥が深いが、まず会社のビジネスに直結したリスクやコントロールの概念を理解することから始めよう。一歩一歩着実に、監査業務に必要な専門知識を身につけ、実務で生かし、監査領域の幅を広げていく。専門性は、時代の趨勢に左右されない、息の長い、身を助ける武器となる。

その3 読まずにできない内部監査の必読書

近年、内部監査を紹介する書物があまた書店に並ぶが、内部監査を学ぶには、内部監査の原典にあたるのが一番の近道である。これを読まずして内部監査の本流は理解できない。

内部監査の世界には、グローバルレベルのバイブルが存在する。ＩＩＡ発行の〝The Professional Practices Framework〟（邦訳名『専門職的実施のフレームワーク』（日本内部監査協会発行））がそれである（参考図書1参照）。

通称、〝レッドブック〟と呼ばれるこの教本を、欧米およびアジア各国で活躍するプロのインターナルオーディター（内部監査人）は愛用する。あとは自分の会社に、このバイブルの内容をどう適応させるかが彼らの腕の見せどころである。

レッドブックは、内部監査をこう定義する。「内部監査は、組織体の運営に関し価値を付加し、また改善するために行われる、独立にして、客観的な保証およびコンサルティング活動である。内部監査は、組織体の目標の達成に役に立つことにある。このために、内部監査は、体系的手法と規律遵守の態度とをもって、リスクマネジメント、コントロールおよび組織体統治プロセスの有効性を評価し、改善する」

「客観的な保証」とは原語で〝Assurance activities〟といい、内部管理態勢の有効性、適切性を評価し、報告、改善する一連の内部監査活動を指す。一方、「コンサルティング活動」〝Consulting activities〟とは、サービス内容と適用範囲について事前に対象部門と合意した活動を指す。具体的なサービス形態として、相談（Counsel）、助言（Advice）、促進（Facilitation）、教育・訓練（Training）などがある。

この定義を自社の内部監査規程にそのまま引用する会社は多い。しかし、これは要注意である。コンサルティング活動にせよ統制プロセスの監査にせよ、それらを恒常的に実施するには十分な態勢の整備が必要となる。会社の規模や業態、内部監査体制をよく検討したうえで、参考とするのが効果的なやり方だ。

レッドブックは、リスクアプローチの内部監査プロセスを丁寧に網羅的に解説しているので、内部監査業務を始める者はまずこの教本から入るべきだ。邦訳もだいぶこなれてきたので、読みやすくなっている。もし英語に抵抗がなければ、ぜひとも英語の原書を読むことをお勧めしたい。専門用語（Terminology）の解説（Glossary）もついているので、最初は戸惑う専門用語も読み進むうちにすぐに慣れる。内部監査の正道を身につけよう。

次に読まなくてはならないのは、内部統制のバイブルである。内部監査は内部統制を評価する。内部統制に関する知識をもたずに内部監査を実施することは、山を知らずしてチョモランマに挑戦するようなものだ。そのバイブルは、ＣＯＳＯ発行の〝Internal Control – Integrated Framework〟（邦訳名『内部統制の統合的枠組み－理論篇、ツール篇』（白桃書房発行））である（参考図書２）。Ｊ－ＳＯＸで一躍有名となったこの教本は、内部統制を詳細に語る。邦訳本は些《いささ》か学術的な表現で格調高く、読みづらい部分もある。むしろ、原書の英語のほうが表現も素直で大変読みやすい。できれば原書に挑戦していただきたい。

三冊目の推薦図書は、レッドブックをさらに実務的に解説した至宝の書〝Sawyer's Internal Auditing〟を邦訳した『ソイヤーの内部監査（現代内部監査の実践）』（日本内部監査協会発行）である（参考図書３）。

これは全部で四分冊からなり、現在すべて邦訳が発行されている。内部監査の How to

doが例示を含め詳細に解説されているのでわかりやすい。ただし、相当なボリュームなので、個人でというより、内部監査部門で一セット入手するといった感じである。ここまで読み進むと、内部監査に関する基本的な知識は十分蓄えることができる。

最後にもう一冊、紹介したい書物がある。㈳金融財政事情研究会発行の『これが金融機関の内部監査だ　2nd edition』だ。この書籍は、先に紹介したレッドブック、内部統制、ソイヤーなどを参考として書かれている。筆者を含め実務家五人の共著だが、実際の内部監査業務ですぐに役立つ例示も多く、常に手許において活用したい一冊である（参考図書4）。

内部監査業務に必要な知識を十分に吸収した後は、監査経験を効果的に積むことによって、蓄えた知識を実践で生かすことである。質の高い内部監査人への道をまっしぐらに進んでいこう。

（参考図書1）

（参考図書2）

（参考図書4）

（参考図書3）

その4

内部統制のキーワードを知る

監査担当者にとって、「内部統制はそれぞれの目的、目的を阻害するリスク、そしてリスクを低減するコントロールから成り立つ」と理解するとわかりやすい。リスクの分類やコントロールの種類に関するこれらの基本的な概念を習得すると、監査業務に大変役に立つ。

内部統制の概念を理解することに苦労する人にとって、簡便な考え方がある。内部統制は企業が存続するための要件と考えると、理解が早い。キーワードは「目的」「リスク」と「コントロール」である。

まず、企業を存続させるための目的は、収益の極大化、市場の占有、株価の維持・向上、優良な商品・サービスの提供、コストの最小化、業務プロセスのスリム化、人材の育成、社会的責任（CSR）等さまざまである。業種や事業規模、社風に応じてそれぞれ工夫された独自の目的が設定されている。

一方、企業目的を達成することを阻害するリスクはどうであろうか。リスクの分類方法は多彩である。金融業務に係るリスクは、銀行、保険会社、信託会社等に関しては金融庁が、金融商品取引業者等に関しては証券取引等監視委員会がそれぞれ分類しているため、それをそのまま採用する会社は多い。あまり凝ったリスク定義を採用するのも、いたずらに社内の混乱を招くだけで避けたほうがよい。やはり、ある程度統一した体系化されたリスクの分類が望ましい。

図表1は、英国金融イノベーション研究センターが世界六〇カ国四六八人のCRO（Chief Risk Officer）を対象として調査したもので、二〇〇六年CROバナナスキンランキングの結果である。世界の主要企業のリスク統括責任者が何をリスクと認識しているかがよくわかる。企業を取り巻く外部、内部の環境別にまとめると図表2のようなリスク分類もある。

このように、リスクの分類は、それぞれ会社の業態に則って考えればよいことは理解できた。次に必要となるのは、リスク対策の基本である。JISのリスクマネジメントシステムの構築指針によると、リスク対策には次の四種類が説明されている。リスクの「保

（図表１） 2006年CROバナナスキンランキング（英国金融イノベーション研究センター）

1．規制過多	（１）
2．信用リスク	（２）
3．デリバティブ	（４）
4．商 品	(14)
5．金 利	(12)
6．技術への過度の依存	（８）
7．ヘッジ・ファンド	（５）
8．コーポレートガバナンス	（３）
9．新興市場	(15)
10. リスク管理手法	（９）
11. 不 正	（６）
12. 株 式	(18)
13. 通 貨	（７）
14. マクロ経済動向	(10)
15. 政治的衝撃	(22)
16. 利益相反	(-)
17. 銀行市場競争過多	(20)
18. マネー・ローンダリング	(13)
19. 合併・再編	(27)
20. 法務リスク	(17)

順番（ ）内の数字は
2005年のランキング

(図表2)

【リスクの定義】

「経営目的(Business objectives)の達成を脅かす、あらゆる不確実性(Uncerainty)」

IBMビジネスコンサルティングサービス㈱資料参照

- 外部環境
  - 政治リスク
  - 社会リスク
  - 経済リスク
  - 災害リスク
  - 情報技術リスク
- 内部環境
  - 戦略リスク
    - 業界リスク
    - マーケットリスク
    - 戦略意思決定リスク
  - オペレーショナル・リスク
    - 役員／従業員リスク
    - 営業リスク
    - 財務リスク
    - 法務リスク
    - 外注プロセスリスク
    - 媒体調達リスク
    - 環境リスク
    - 情報システムリスク

有」（Risk Retention）、「回避」（Risk Avoidance）、「低減」（Risk Reduction）、「移転」（Risk Transfer）である。このうち、日常の業務運営で最も採用されているのが、三番目のリスクの低減である。多くの事務手続や運用マニュアルは想定されるリスクを低減するために設定された統制である。

最後は、コントロールであるが、図表3をみていただきたい。代表的なコントロールは、「予防」「発見」「回復」、そして「指導」的コントロールである。これら以外に、補完的コントロール（Complementary Control）や代替的コントロール（Substitutive Control）などがある。

これらのリスクやコントロールの基本的な知識を前提として、内部統制を検証、評価、改善する内部監査業務に携わると、営業現場や本部で実施される業務活動の運用方法の見方、視点がより鋭くなる。監査経験を積む前に、まず内部統制の基本を理解することが必要だ。

（図表3）　内部統制のタイプ

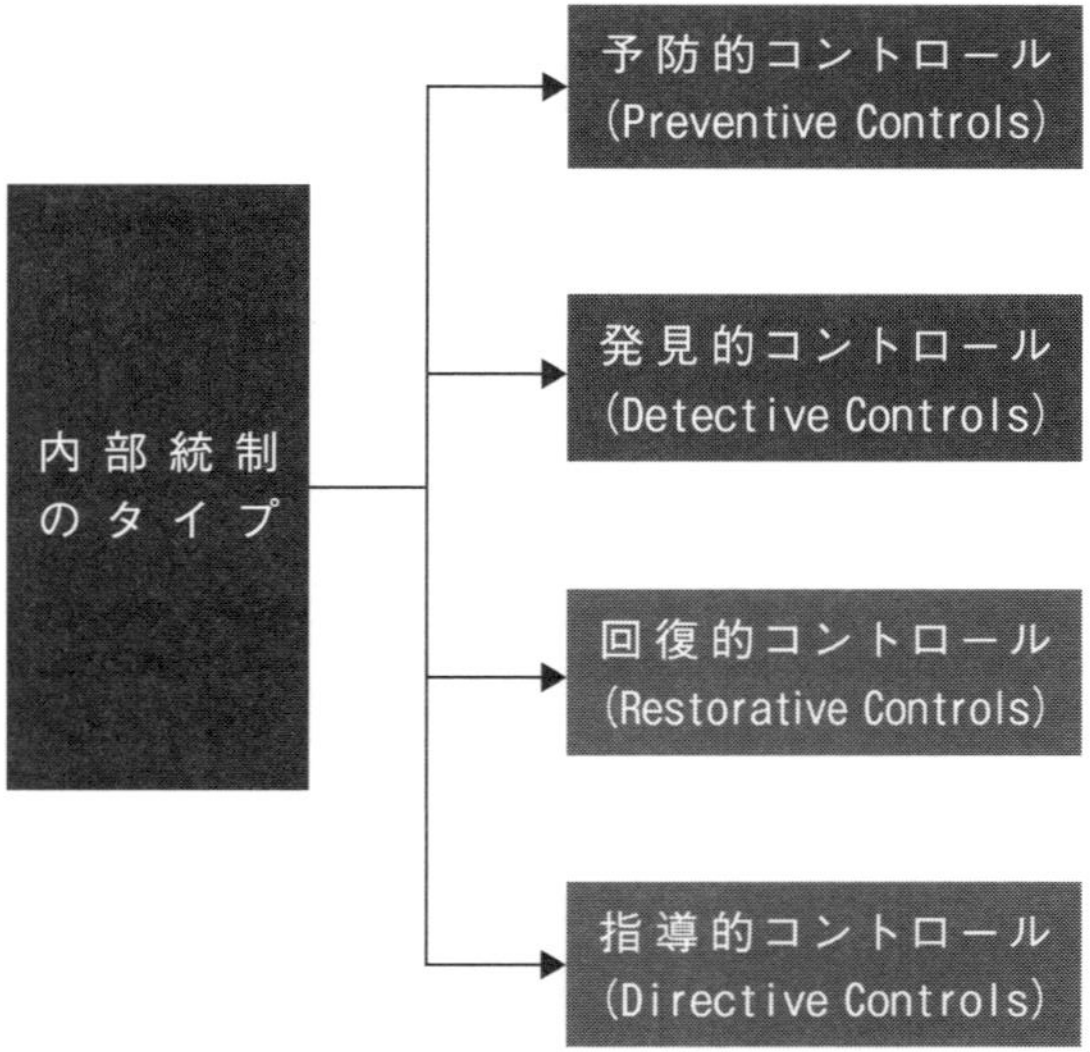

- リスクの発生を事前に防止する統制手段
  権限付与、事前承認、アクセスPWD等
- リスクの発生を発見する統制手段
  取扱報告、残高確認、照合、アクセスログ等
- 顕在化したリスクを回復する統制手段
  修正、復旧、補償、代替機器、リカバリー等
- 正しいことをするよう指導する統制手段
  規程手続、ガイドライン、研修、マニュアル等

その5

内部監査の理論と実務を両立させよ

理論なき実務は内部監査の基本逸脱の危険性があり、実務なき理論は宝の持ち腐れとなる。多様な研鑽を通じて基本的な内部監査論を習得し、その理論を実践の場で生かす努力が必要となる。両者が一体となってはじめて品質の高い内部監査が実現できる。

内部監査の理論を重視しない内部監査部長がいる。実務至上主義とでもいおうか、「空理空論は役に立たない」「現場で叩き上げた実践がすべてだ」「勉強なんかする暇があったら、現場を知るために担当者のやることをよくみて来い」などと部下に指示する上司は、いまでも案外多いかもしれない。また、外部にコンサルティングを依頼したときにやってくる自分よりはるかに若いコンサルタントが、業務経験を十分に積んでいるとは思えない。「だから、コンサルタントは抽象論ばかりで役に立たない」と、一人納得しても始まらない。確かに、現場の業務を知らずして、内部監査を行うことはむずかしいように思える。半面、一人の人間が、会社のすべての業務を経験することは不可能に近い。まして、業種の異なる他社の場合などは推して知るべしである。このような問題をどう考えたらよいか。

「内部監査論」と聞くと、研究研鑽を重ねたアカデミックな理論武装を思い浮かべるかもしれないが、内部監査業務に役に立つ理論はしっかり身につけたい。企業経営者の内部統制の基本となるリスクマネジメントを中心に、理論を考えるのが早道である。内部監査では「リスクアプローチ」監査ということになる。

内部監査の業務に理論が必要な理由は、内部監査は「内部統制を評価する」ために実施するからだ。この命題を、しっかり頭に叩き込んでほしい。内部統制を評価するためには、会社が直面するさまざまなリスクに精通する必要がある。その後に、リスクを効果的に監視し、低減を図り、管理するリスクマネジメントの知識が必要となる。会社組織の身の丈にあった効率的で継続性のあるリスク管理体制について考えてみる必要がでてくる。経営管理の別の柱であるコンプライアンス態勢や情報システム管理態勢についても同様である。

これらは、内部監査の対象となる内部統制に関する知識だが、内部監査に関する基本知識はそれ以上に重要となる。

内部監査におけるリスクアプローチについての基本的な知識を習得することによって、基盤の確かな監査業務が実行できる。基盤とは、監査業務を運行するためのレールのようなものだ。確かな目的地点に到達できるレールの敷設は内部監査業務の根幹を成す。リスクアプローチに縁《ふち》どられたレールの上をスケジュールに則って確実に走ることができれば、その実務経験は実りある付加価値を生む財産となる。すなわち、品質の高い監査を可能とする。

リスクアプローチ監査を実施できる者は、市場の求人ニーズにも合致した優秀な内部監査人となることができる。基盤を含むリスクアプローチ監査の基本は、内部監査のバイブルであるＩＩＡ発行の〝レッドブック〟を参考とする。

その意味で、このような理論武装のない実務経験は、品質を向上させる方向性を定めないまま、実践を積むようなものだ。理論なき監査実務であっても、その回だけをみれば優れた監査結果を残しているものもなかにはあるだろう。しかし、内部監査には継続性が求められる。理論の裏付のないままでは、経営者の特別の指示などで継続性が簡単に揺らいでしまうリスクが残る。

一方、内部監査論をいくら身につけてもそれが実践の場で生かされなければもったいない。宝の持ち腐れとなる。業務監査やコンプライアンス監査の場で、それらの知見を生かし、内部統制の改善に役立ててこそ、内部監査を担当する者の生甲斐となる。

内部監査を志す者は、最初に〝リスクアプローチ監査〟の理論をしっかり学んでほしい。確たる基本知識の裏付を武器として、さまざま実務をこなすことによって、知識に魂が吹き込まれ、品質の高い優秀な監査が実施できるようになる。監査業務への自信がつき、どの会社でも監査を行うことのできる、市場価値の高い内部監査人への道がひらかれることになる。

第2章

プロの事前準備に学ぶ

その6

リスク評価での監査対象の〝漏れ〟は致命的

年度監査計画を策定するために毎年行うリスク評価では、監査対象をすべて列挙（棚卸）する必要がある。監査対象に漏れがあるとリスクを網羅的かつ正確に把握していないとの評価が下されてしまう。これは、特に留意を要する点である。

金融庁が提唱し、世界の内部監査の潮流とされるリスクアプローチの監査は、内外のさまざまなリスクを常に念頭に置いて監査対象の優先順位を決める。優先順位はすべての内部統制を対象とし、監査対象の共通の評価項目を設定したうえで、それぞれの総合評価の結果を比較検討する。

リスク評価は、一般に「効率的かつ実効性のある内部監査を実施するために、監査拠点に内在するリスクを定期的に分析・評価し、監査の頻度や優先度を決めること」と、定義される。

金融庁検査の各金融機関が行ったリスク評価に関する指摘事項として、次のようなものがある。

●リスクベースの監査を行うこととしているが、監査対象や監査範囲を設定する際のリスク評価は、取扱件数や取引金額等の量的な面に重点が置かれていることから、取扱契約数の少ない代理店等が監査の対象とされていない。

●内部監査部署が実施しているリスクアセスメントで、営業拠点への監査において事務不備等に係るリスクが評価項目とされていないことなど、監査対象先のリスクが正確に反映されていない。

●内部監査について、営業店における事務不備に係る検証（検査）が中心となっており、リスク管理態勢の適切性に係る検証やシステムに係る監査が不十分。

これらは、リスク評価における評価項目の十分性や適切性などに関する指摘である。リスク評価モデルについては、各社各様それぞれ工夫をこらしていると思われるが、ここで強調したいのは、評価項目の是非以前の問題として監査対象の網羅性である。前の金融庁の三番目の指摘では、システム監査の対象を決めるリスク評価が、おそらく行われていないものと思われる。

リスク評価を行う前提として、内部監査部門に把握されている監査対象の網羅性が損なわれていないか、これは重要である。定量や定性の緻密なリスク評価項目を並べても、評価を行う対象のなかに〝漏れ〟があると、リスク評価モデル自体の完成度に疑義が生じてしまう。

部門別の総合監査を例にとることにしよう。社内に合わせて二五の部門別組織が存在すると仮定する。リスク評価の対象は二五本部である。二五の本部すべてを毎年監査することは人的資源の制約から困難である。そのために、順位づけを行う必要がある。知恵を絞って全部門共通の評価項目を設定し、リスク評価を実施する。総合評価の結果、上位一〇部門は毎年、一一位から二〇位までは二年に一度、二一位以下は三年に一度といった具合に優先順位を決める。

リスク評価を終え、翌年度の監査計画書を策定し取締役会で承認された後になって、実は昨年下半期に新設された三部門を漏らしてしまったことに気づく。これでは、当初の二五本部で行った評価結果に基づく優先順位に、一〇〇%の信頼が置けなくなってしまう。「そんなバカなことが起こるわけがない」と、おっしゃる方もいると思うが、権限委譲が過度に浸透した広翼型組織や情報システムのリスク評価では十分ありうる話だ。

情報システムのリスク評価は一段とむずかしい。社内各部で利用される情報システムのすべてを事前に掌握し、情報システム固有の評価項目でリスク評価を実施する。評価の対象をどのように設定するか。たとえば、ａフロントオフィス、ミドルオフィス、バックオフィスなどプロセスで分類する、ｂ預金、融資、外為、外国証券、投資信託など取引商品別で分類する、ｃサービスを提供する営業店や営業本部、ＡＴＭ、コールセンター、インターネットバンキングなどの仮想店舗を含めた拠点別で分類する、ｄ情報システムの企画・開発・運用・保守などシステムのライフサイクル（ＳＤＬＣ）で分類するなどさまざまだ。情報システムがそれぞれの組織にどのように組み込まれているかで、採用する方法も絞られてくるが、一面的な方法では困難であろう。

リスク評価のポイントは、評価対象の〝漏れ〟をなくすこと。網羅性に留意し、社内の各リスク所管部とうまく連携をとり、有効で効果的なリスク評価を行いたい。

その7

内部監査の資源配分は〝八：二〟を原則とせよ

年度計画で監査の人的資源を直接時間と間接時間に分ける。監査業務そのものに費やす直接時間と運営管理や研修等の間接時間の比率は、〝八：二〟をメドとせよ。監査資源の効率化を図り、直接時間における生産性を高めることが必要となる。

日本の内部監査においては監査資源の管理が甘い。二〇〇七年六月に日本銀行から公表されたアンケート結果によると、ここ五年間で企業に在籍する内部監査人の数は増加傾向にある。対全職員の比率でいえば、金融機関（大手行・地域銀行）では一％から一・四％に上昇した。千人の会社であれば一〇人から一四人へと四名増員されたことになる。経営者が内部監査機能を重視しているのがよくわかる。内部監査の責任者の立場からすれば、それでも足りないと思うかもしれないが、監査部門への資源配分は経営者の専決事項である。内部監査部長には、いかにリスクを重視した監査手法を導入するか、いかに監査資源の効果的、効率的な活用を行うかが問われている。

内部監査部長のなかで、自らの組織にどの程度の監査資源を実際有しているかを明確に把握している者は、実は相当少ない。部員の頭数ではない。実質的な監査所要時間（人日）のことである。たとえば、部員総数の延べで年間に二〇〇〇人日あるとする。これを業務監査、コンプライアンス監査などの監査に何割振り向けるか、情報システム監査、テーマ別監査はどうか、あるいは突然の経営陣からの要請による特別監査の人員の確保はどうするか。ここでいう、〝八：二〟の原則とは、監査資源配分の一つの目安を示すものである。図表4をみていただきたい。

この例では、監査部員は部長を含め一〇名在籍する。監査対象拠点はぜんぶで四〇営業部店ある。一年五二週として、監査部員全体の実働日数はa二六〇〇人日となる。ここから国民の祝日や年間に取得する平均休暇日数を減ずる。すると監査可能日数はc二三三〇人日。そこで、この監査可能日数を、年度の監査計画に織り込まれた監査業務（直接時間）と、監査業務以外の監査部長の運営管理業務や研修、セミナーの受講や資格試験等の間接時間とに配分する。前者の直接時間に八割、後者の間接時間に二割を割くとす

（図表４）

監査対象拠点数		40営業部店		
監査部の人員		10名（含む監査部長）		
a) 年間実働日数	①	2,600	人日	（5日×52週×10人）
b) 監査以外の所要日数				
内訳：　国民の祝日(平日)		150	人日	（15日×10人）
連続休暇		50	〃	（5日×10人）
一般休暇		50	〃	（5日×10人）
私用休暇		20	〃	（2日×10人）
小計	②	270	人日	
c) 監査可能日数		2,330	人日	（①－②）
d) 直接時間（80%）		1,864	人日	（ c)×0.8）
間接時間（20%）		466	〃	（ c)×0.2）
e) 平均監査所要日数（昨年度実績）		60	人日	
f) 年間監査可能拠点数		31	拠点	（ d)直接時間÷e)）

この条件で、監査頻度："１年"と"２年"と設定した場合、１年サイクルの最大拠点数は計算上、上位"22"拠点のみ。

（図表５）

年間の直接時間の総計：	1,864 人日	
年間の監査実施可能件数	31 営業部店	
a) 業務監査	35%	（652人日）
b) コンプライアンス監査	15%	（280人日）
c) テーマ別監査	5%	（ 93人日）
d) 特別監査ほか	5%	（ 93人日）
e) 情報システム監査	15%	（280人日）
f) Ｊ－ＳＯＸ有効性評価	25%	（466人日）
計	100%	（1,864人日）

る。もし、間接時間を極力圧縮し、部長を含め全員で監査業務に集中する方針をとるのであれば、〝九：一〟の選択もある。

計算すると、直接時間は一八六四人日となる。昨年度の平均監査所要日数は六〇人日、つまり凹凸があるにせよ、平均三人で二〇日間の監査を実施した場合、年間の監査可能拠点数fは、四〇営業部店のうち三一営業部店となる。無論、間接時間を削減し、〝九：一〟と設定した場合は、監査拠点数はもっと多くなる。

次に、この直接時間を監査種類ごとに振り分ける作業を行う。図表5は、監査種類ごとの監査資源の配分の例を示したものである。業務監査aとコンプライアンス監査bを合わせて五〇％、情報システムのＩＴ監査に一五％、二〇〇八年四月以降の会計年度より実施されるＪ－ＳＯＸにおける有効性評価作業に二五％を充当する。テーマ別監査は五％の配分である。dの特別監査ほかの五％に監査部長手持ちのバッファーが隠れている。

リスクアプローチ監査の導入とともに、監査資源の効果的な管理は重要な責務である。そのためには、詳細な分析を行ったうえで、資源配分の原則をもつということが必要となる。比較的高いリスク領域に十分な監査資源を投与し、内部統制の脆弱ポイントを効率よく改善していく。優れた内部監査部長の神髄といえる。

その8

事前準備で監査の品質が決まる

個別監査のプロセスは大きく、事前準備、往査（実査）、事後作業の三つのステージに分けられる。このなかで最も重要、かつ当該監査の品質を決定するのは〝事前準備〟である。

筆者のコンサルティング経験では、内部監査部長が注力するのは最後の事後作業のなかで取りまとめる監査結果報告書、と答える会社が少なくない。視察や閲覧、業務管理者との面談等を通じて収集された情報を基礎として、往査結果を取りまとめることが事後作業の主な目的と考えるからだ。しかし、往査を〝事前調査〟に基づく現場の運営体制や業務プロセスの整備や運用状況の確認作業ととらえると、より重要なステップは事前準備ということになる。事前準備には、予備調査、個別監査計画の策定、そして監査の具体的な手続書の作成などがある。これらの完成度の高さが、その後の往査、事後作業の結果を大きく左右するといってもよい。

予備調査の目的は、これから実施する個別監査の目的と範囲を探ることだ。監査拠点のリスクを基調とするリスクアプローチ監査では、すべての業務を均等に事細やかに確認し、検証する必要はない。それぞれの業務内容にどのようなリスクが想定され、どの業務分野が相対的に高いリスクを有するかを事前に判定する。また、業務管理者が不安に思い、危惧する業務運営上の問題点や課題、新たに開発された商品や導入された新システムはないか、前回監査で明らかにされた重要指摘の改善状況はどうか等を調査する。予備調査は、最新の組織図、Job description、運営方針や手続書の入手に加え、業務責任者との事前面談などの方法で行う。場合によっては、コンプライアンス部、事務統括部やシステム企画部等の関連所管本部に意見を求めることも必要となる。新しい業務処理システムの導入や関連法令等の改正等で業務プロセスが大きく変更された場合は、新業務フローに潜むリスクを掌握するために、事前にフローチャートを作成するのも有効である。新規の業務や新システムは、既存のものよりリスクが高いと考えるのが一般的だからだ。予備調査の結果、判明したリスクに対しする業務監査の目的と監査範囲を個別監査計画書にまとめる。個別監査計画書には、その他、監査期間、監査責任者、陣容、監査拠点の主な統制環境等を要領よく記す。

次に監査の具体的な手続書として、リスクマトリクス表と監査プログラムを作成する。リスクマトリクス表は、監査対象の本部や営業拠点のリスクを整理し一覧に取りまとめたもので、監査拠点のリスク評価シートといえる。リスクのとらえ方はさまざまだが、リスクの種類が百花繚乱になっても収拾がつかなくなるおそれがある。内部監査マニュアル等でリスクを定義し、分類するのも一つの方法である。金融機関では、金融検査マニュアルに基づいてリスクを信用リスク、市場リスク、流動性リスク、オペレーショナル・リスク等に分類している（図表6）。二〇〇五年経済産業省が一般事業会社向けに取りまとめた「リスク新時代の内部統制」では、リスクを大きくa事業機会に関連するリスクと、b事業活動の遂行に係るリスクとに分類している。

リスクマトリクス表には、想定されるリスクの種類と内容、リスクを低減するコントロールの内容を記載する。業務ごとに想定されるリスクと、リスクに対する具体的な体制やコントロールを考えることは決してやさしいことではない。内部監査に経験と専門性が求められるゆえんである。

監査プログラムは、監査対象の業務が有するリスクに焦点をあて、個別具体的な監査手

（図表6）

<table>
<tr><td colspan="9">内部統制の四つの目的</td></tr>
<tr><td colspan="3">業務活動の有効性／効率性</td><td colspan="2">財務報告の信頼性</td><td colspan="3">関連法令等の遵守</td><td>資産の保全</td></tr>
<tr><td colspan="9">経営管理（ガバナンス）態勢ー基本的要素</td></tr>
<tr><td rowspan="2">法令等遵守態勢</td><td rowspan="2">顧客保護等管理態勢</td><td colspan="7">統合的リスク管理態勢</td></tr>
<tr><td>自己資本管理態勢</td><td>信用リスク管理態勢</td><td>資産査定管理態勢</td><td>市場リスク管理態勢</td><td>流動性リスク管理態勢</td><td colspan="2">オペレーショナル・リスク管理態勢
その他リスク
システムリスク
事務リスク</td></tr>
<tr><td colspan="9">内部統制の六つの構成要素</td></tr>
<tr><td colspan="2">統制環境</td><td>リスク評価</td><td colspan="2">統制活動</td><td>情報伝達</td><td>監視活動</td><td colspan="2">ITへの対応</td></tr>
</table>

続を記したものだ。個別監査ごと、監査担当者別に作成する。初年度はこの作成作業に多大な時間を要することになるが、翌年度以降は前年度の情報が大いに参考となる。監査拠点の業務内容に類似性があり、あまり違いがない場合は、汎用的な監査プログラムの採用も有効だ。

〝事前準備〟における予備調査で、個別監査の目的、監査範囲を設定する。対象業務のリスクを特定し、リスク軽減に有効なコントロール手法を想定する。監査プログラムにおいて具体的な監査手続をまとめることで、初めてリスクアプローチ監査のスタート地点に立つことができる。

その9

〝四：二：四〟の法則を守れ

個別監査に費やす総時間を三つのステージに配分する。事前準備に四割、往査に二割、最後の結果取りまとめ・監査調書の作成に四割をメドとせよ。

みなさんの内部監査部では、年間何件の個別監査を実施しているだろうか。会社の事業規模や監査人員にもよるが、およそ二〇～五〇件程度か。では、それぞれの個別監査の標準的な時間配分は決めているだろうか。一般的に、監査の開始日と終了日、監査総日数を決めているところは多い。が、個別監査の各ステージの目標とする時間配分まで定めている内部監査部門は少ない。

〝四：二：四の法則〟とは、内部監査に要する総時間を設定し、三つのステージへの配分の基準を定めるものだ。目安として、事前準備に四割、往査に二割、事後作業に四割を

（図表７）　４：２：４の法則の適用

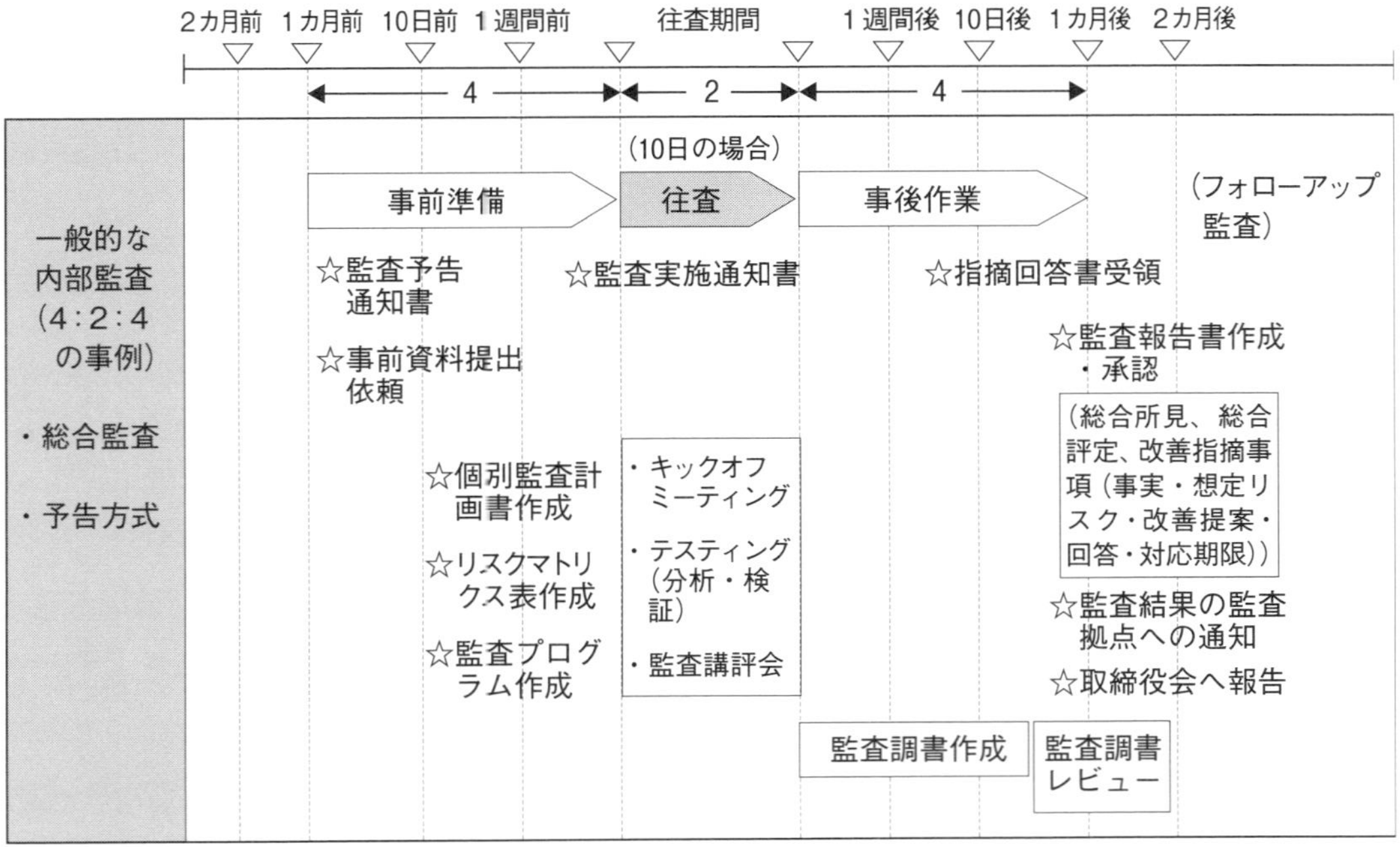

2カ月前
1カ月前
10日前
1週間前
往査期間
1週間後
10日後
1カ月後
2カ月後
4
2
4
一般的な内部監査（4:2:4の事例）
・総合監査
・予告方式
（10日の場合）
事前準備
往査
事後作業
（フォローアップ監査）
☆監査予告通知書
☆事前資料提出依頼
☆個別監査計画書作成
☆リスクマトリクス表作成
☆監査プログラム作成
☆監査実施通知書
・キックオフミーティング
・テスティング（分析・検証）
・監査講評会
☆指摘回答書受領
☆監査報告書作成
・承認
（総合所見、総合評定、改善指摘事項（事実・想定リスク・改善提案・回答・対応期限））
☆監査結果の監査拠点への通知
☆取締役会へ報告
監査調書作成
監査調書レビュー

あてる。具体的には、全体の監査期間を二五営業日とした場合、事前準備に一〇日、往査に五日、事後作業に一〇日の割合となる（図表7）。

通常、監査日程で最初に決めるのは、往査期間だ。監査拠点の当該業務の管理者の協力を得る必要があるからだ。それを基準として、事前準備、事後作業の日程を決めていく。Auto Audit や TeamMate 等の監査ソフトを導入する会社を除き、監査日程は、担当者任せとなっている印象が強い。監査ソフトを利用している場合は、すべての監査日程を登録することになるので、監査責任者は自然と監査日程を掌握することができる。しかし、実態は手のあいた時に始まり、監査報告書が完成した時に終わるのではなかろうか。

日本の場合、内部監査の資源配分や資源管理を指すリソースマネジメントの概念が浸透しているとはいいがたい。リソースマネジメントは、内部監査部長の重要な職務の一つである。にもかかわらず、最後の監査報告書作成の段階になって、監査拠点長との意見調整や事実確認の不徹底などの理由から事後作業に長時間を割り当てることになる傾向が強い。つまり、〝四：二：四〟ではなく〝三：二：五〟や極端な場合、〝二：二：六〟といった塩梅《あんばい》だ。しかし、前に述べたように、内部監査は〝事前準備〟が肝心なことから総時間の四割は事前準備に傾けたい。

それを徹底する有効な手立ては、個別監査の標準的なタイムスケジュールを内部監査マニュアル等で定めておくことだ。特に新人や転入者が初めて業務監査を担当する場合、監査責任者の監督が十分行われていないと、想定外の日程遅延やトラブルを招くことがある。一つの監査の遅れが他の監査日程に思いがけない連鎖反応を起こすことも十分ある。年間の監査計画の進捗および結果の報告に責任を有するＣＡＥや内部監査部長においては、用意周到な資源管理を心がけたい。

〝四：二：四〟の標準的な時間配分の設定は、それぞれのステージにおける具体的な作業日程の計画を立てやすくする。監査拠点での往査期間を遵守し、当初決めた監査目標に忠実な監査結果報告書や監査調書の取りまとめを可能とさせる。内部監査部門に期待される内部統制の有効な監視活動を実現するために、監査活動に一つの〝型〟をもつことは大切だ。

その10

リスクマトリクス表は習うより慣れよ

リスクアプローチの監査で重要な位置づけとされるリスクマトリクス表の作成は、業務に付随するリスクをとらえることから始まる。リスクに対する感性は、まずは基本的な事柄を学び、“慣れ”で磨きをかけていく。

事前調査の結果をもとに作成されるリスクマトリクス表は、監査対象部門の体制や業務内容にかかわるリスクとコントロール手法を一覧表にまとめたものである。まずはサンプル（図表8）をご覧いただきたい。

これは、金融機関の営業拠点における企業への資金貸出等与信行為の本部審査を行う、審査部に対する業務監査のリスクマトリクス表の一部である。リスクマトリクス表の中身は、往査の前に作成する部分と往査で検証した結果を記述する部分とに分かれる。事前にまとめるのは、表上のリスク内容、リスクの種類、そしてリスクコントロールまでであ

リスクコントロール	評価結果	指摘事項リファレンス	監査調書リファレンス
・業務分掌に合致した組織･陣容が確保され適切な体制が構築されている。 ・レポーティングラインは明確、担当者の知識経験は適切な水準を維持。	組織・分掌・陣容・報告体系は適切に機能。	—	T1-3
・営業推進と審査機能の職責分離は適切に維持されている。 ・リスク管理部門は与信活動から独立しリスクは適切に管理されている。	一部に兼務が認められ改善を要する。	RCW1	T4-5
・与信の基本理念や運営方針を定めたクレジットポリシー等の管理規程は適切に制定されている。 ・規程の承認手続や更新手続は適正に行われている。			
・与信健全性維持のため信用リスクのモニタリングを経常的に実施。 ・モニタリング結果は適時に経営に報告され適切な対応がとられる。			
・被災時の危機管理対策は構築され承認されている。 ・定期的に対策の有効性がテストされ書面で結果が残されている。			
;			

（図表8） リスクマトリクス表

監査対象：本部部門
監査業務：審査部
監査基準日：2008/4/30

リスクマトリクスリファレンス＃	リスク内容	リスク種類
1a	信用リスク管理を業務分掌とする組織・陣容の脆弱さから起こるリスク	経営リスク
2a	信用リスク体制の不十分な職責分離から発生する損失	信用リスク
3a	クレジットポリシーや与信モニタリングマニュアル等リスク管理規程の承認遅延や未更新に起因するリスク	事務リスク
4a	不十分なモニタリング体制や報告体制から発生する損失	信用リスク
5a	与信申請承認システムやモニタリングシステムの被災による業務継続不能から生ずるリスク	システムリスク
；	；	；

る。業務ごとにどのようなリスクが想定され、個々のリスクに対する具体的な体制やコントロールはどのようにするかを考えることはやさしいことではない。そうかといって、どのような業務にいかなるリスクが存在するかを定型化するのもなかなかむずかしい。リスクの種類を規程等で事前に分類することにより、リスクに対する基本知識を糧にして、監査担当者の想像力が力を発揮する。同じ事象をみても、何気なく通り過ぎてしまう者もいれば、ふっと何かを察知し踏みとどまる者もいる。さまざまな業務の監査を通じ、組織の文化、風土に基づく会社固有のリスクを洞察するには、想像力と〝慣れ〟が必要となる。物事を自分の頭で考えることなく、漠然と監査業務を行っていたのでは、単に時間が過ぎていくことと同じだ。ここでいう〝慣れ〟とは、経験を積み重ね、リスクやコントロールに対する造詣が深いことを指す。この例ではリスクの種類として、経営リスク、信用リスク、事務リスク、システムリスクが記載されており、それぞれのリスクに対するコントロールが事前にまとめられている。このコントロールの考察にも、監査業務についての慣れが必要とされる。内部統制の整備にとって効果的なコントロールの種類を理解し、コントロールの具体的な内容を思い描いていく。ただし、事前にリスクやコントロールについての完璧な定義を期待することは無理である。次のステージである往査期間に、新たなリスクやコントロールが判明した場合、その場でリスクマトリクス表に反映させ、適宜修正していけばよい。もちろん、監査責任者の承認が必要となる。

右側にある結果の記述欄は、評価結果、指摘事項のリファレンス番号と監査調書のリファレンス番号を記載する。それぞれ関連する資料や確認書類をリファレンス番号で関連づける。

左端のリスクマトリクスのリファレンス#は、順番に昇順を付していく。このリファレンス#は、監査プログラムに記載された監査手続ごとのリファレンス番号に紐付ける。そうすることによって、リスクとコントロールと監査手続が一連の流れでつながり、監査担当者が実施する監査のストーリーができあがる。これが、リスクアプローチのプロセスということになる。

いまやリスクアプローチが主流の内部監査にとって、事前に作成するリスクマトリクス表の作成こそがリスクを端的に分類し、内部統制に期待されるコントロールのありさまを表現する。この完成度によって、リスク認識の深さが決まる。リスクマトリクス表は習うより慣れろ、日頃の弛まぬ研鑽が監査の品質を高める。

その11

監査の深度は監査プログラムで決まる

事前調査の結果をもとに監査目的、監査範囲を特定し、個別具体的な監査プログラムを作成する。監査プログラムには、統制状況に対する監査担当者の検証や確認内容が網羅的、かつ明瞭に記載されていなくてはならない。

リスクマトリクス表では、監査対象となる業務のリスクとあるべきコントロールを示した。監査プログラムは、リスクマトリクス表で想定されたリスクに対するコントロールについての具体的な監査手続を詳述する。先に示した審査部の事例で説明する。図表9をみていただきたい。

審査部に対する個別監査プログラムは、リスクマトリクス表とリンクしている。左端の監査プログラムのＲｅｆ＃の下段カッコ内に記載されたリファレンス＃は、リスクマトリ

（図表9）

個別監査プログラム

（監査テスト項目記述書）

監査対象拠点名	：本部部門
監査業務	：審査部
監査基準日	：2008/4/30

Ref# (リスクマトリクス#)	テスト項目	テスト内容	対象範囲	対象資料	サンプルサイズ	関連調書	指摘事項の有無	指摘事項通知票Ref#
PR1 (1a)	信用リスク管理 組織と体制	組織図と業務分掌を入手し検証する。 1．組織図・業務分掌は更新ずみか。 2．業務分掌と業務実態を比較検証する。 3．相違ある場合は責任者へ確認。	部全体	組織図 業務分掌	当該すべて	T1-3	無	－
PR2 (2a)	職責分離	職務記述書を入手し確認する。 1．職務記述書は更新ずみか。 2．リスク管理または審査を担当する者の職務記述書を検証する。 3．営業推進との兼務ある場合は責任者へ確認する。	該当課すべて	職務記述書	当該者全員	T4-5	有	RCW1
←往査の前に記入作成する。→			←オンサイトでの監査開始後、記録していく。→					

クス表の該当番号である。すなわちリスクマトリクス表の1aの経営リスクに該当する監査手続がPR1の信用リスク管理組織と体制であり、2aの信用リスクに関連する監査手続がPR2の職責分離となっている。

監査プログラムでも、往査に先駆けてテスト項目、テスト内容を作成する。往査で、対象範囲、監査の対象資料、サンプルサイズを記載し、収集された関連調書、結果としての指摘事項の有無、指摘事項通知票のリファレンス番号などを記載する。ここでも、各調書のリファレンス番号で、それぞれの調書を紐付けることが必要だ。リスクマトリクス表同様に、往査期間中の加除修正は、必要に応じて監査責任者の承認を得て随時行ってよい。こうして作成された個別監査プログラムは、次回の監査時に大変役に立つ。筆者がニューヨークで内部監査に携わった際、最初の一年間はこの監査プログラムの作成に非常に苦労したことをよく覚えている。しかし、これも慣れてくると監査の要点がつかめてくる。監査の深度をどのレベルに設定するか、あるいは最も深度を高めるべき業務は何か、などを勘案しながら作成する。簡単なことではないが、監査がおもしろいと感ずるときでもある。

監査プログラムの作成は、新任の監査担当者が最も苦労することの一つである。監査責任者は、無駄に突き放すことはせず、確実なＯＪＴを心がけたい。これがスムーズに計画どおりに完成できる頃には、だいぶ監査業務に慣れてきたと判断できる。間違っても、監査プログラムもなしに往査に向かうことのないようにしていただきたい。

監査プログラムは内部監査の深度を表すものである。リスクマトリクス表に則った個別具体的な監査手続をどこまで掘り下げるかに、監査担当者の手腕が発揮される。監査プログラムに監査担当者の意思を込め、心意気を示す。監査が自分の手の内に入る瞬間である。

その12

準拠性テストに向く汎用監査プログラム

実証性テストにおいては業務のリスク内容に則った個別詳細な監査プログラムを作成し、準拠性テストにおいては汎用監査プログラムを整備し、内容を定期的に見直すことが効果的だ。

事前調査の結果をもとにして作成される監査プログラムの特長は次のようなものである（Sawyer's Internal Auditing 参照）。

- 監査業務の各ステップの体系的な計画を示し、監査プログラムを通じて監査責任者と監査担当者のコミュニケーションを図ることができる。
- 事前調査で得られたさまざまな情報のうち、内部統制上重要と思われる分野に、効果的、効率的に的を絞ることが可能となる。
- 多くのプロセスや広範な業務のすべての活動を監査する場合、特定のリスクにフォーカスをあてた監査プログラムを作成することによって、監査に長期間拘束されることを回避できる。

●内部監査は、不正行為の防止に役立つ内部統制の有効性を検証する手続を可視化（文書化）する責任を有する。監査プログラムは可視化の証跡文書となる。

●重要なリスクとコントロール手段を識別し、評価した事実を証明する。

●監査担当者が実施した監査業務の要約記録が得られる。

●内部監査の評価者に、監査の開始時点から監査業務の評価を可能にする。

●個別の監査プログラムは、変化する環境や多彩な業務内容、異なる管理者から生ずる多様性を考慮することが可能となる。

監査プログラムは、通常、個別監査ごとに設定された監査目標に対して監査のつど作成される「個別監査プログラム」と、汎用的により多くの監査拠点への使用が可能な「汎用監査プログラム」に分けられる。汎用監査プログラムとは、定型化あるいはパターン化された監査プログラムを指す。金融機関は、全国にあるいは特定の地域に集中して営業拠点を構えているが、それらの多くは同種の業務を似たような組織・体制のもとで遂行している。汎用監査プログラムは、これらのすべての拠点に適用できることに利便性がある。汎用監査プログラムの利点は、次のように整理される。

●経験の浅い監査担当者が実施する監査を容易に管理することができる。
●同種の監査が複数の拠点で何回も実施される場合に有用である。
●各拠点で比較できる情報やデータを提供する。
●同種の監査報告書や地域別の包括報告書を作成するときに有用である。
●監査対象の業務が比較的類似している場合に応用できる。

実際に多くの金融機関では、営業店向けの事務手続への準拠性検査用に、検査マニュアルや業務別点検書といった汎用監督プログラムを策定し、活用する事例がある。何十という営業拠点の検査で、そのつど監査プログラムを作成する労力の大幅な削減に成功している。

しかし、年間に実施するすべての監査に汎用監査プログラムが適用できるわけではない。社内のすべての監査対象を把握し、業務内容をよく分析し、反復性の高い準拠性テスト向きである汎用監査プログラムの適用可否を判断する。個別監査プログラムと汎用監査プログラムの選択において、監査の効率性が求められる内部監査部長の手腕が問われる。

第3章

往査の基本をマスターせよ

その13

内部監査の評価では〝ギャップ分析〟が基本

内部監査の保証活動における評価は、想定リスクを低減するために実施するコントロール（To be）と実際の手続（As is）とのギャップ（'To be' vs. 'As is'）分析によって行う。

内部監査には、保証活動（Assurance Activities）とコンサルティング活動（Consulting Activities）がある。保証活動は、端的にいえば内部統制の有効性や効率性を評価することである。

ギャップ分析を、営業拠点検査でよく用いられる準拠性テスト（Compliance Test）で説明しよう。

貸金庫業務の監査を例にとる。通常、金融機関では、事務管理部等の所管する本部が、貸金庫を設置する営業拠点向けの共通の事務手続を定める。事務手続は、窓口での申込受付、申込者の本人確認、必要書類の徴求、契約書の保管等の事務処理の正確な遂行や、効率性を念頭に置いて作成される。同時に、関連する法令やマネー・ローンダリング等金融当局の指導事項等の法務リスクやオペレーショナル・リスクなどを最小限に抑えることを目的とした事務要領ともなっている。

監査を行ううえで、このことは重要な意味をもつ。つまり、それらの事務手続に対する準拠性テストにおけるあるべき姿（To be）の詳細は、所管本部制定の「貸金庫事務マニュアル」に記載されているということである。監査担当者は、貸金庫マニュアルに則って営業拠点の貸金庫業務の監査を進める。監査の効率化を促進するためには、重要事項に焦点をあてた検査点検書やチェックリスト等の汎用監査プログラムを活用するとよい。つまり、営業拠点の運用状況（As is）をこのチェックリストで検証することになる。すべての契約内容を確認することは非効率なので、無作為抽出法（Random Sampling）等のサンプリング手法を採用して母集団すべての取引の正確性を評価する。事務手続の遺漏やミスはあるか、手続を逸脱した例外処理はないか、異例処理は所管本部または支店長の事前承認を取得しているか等を検証していく。このように、事前準備の段階では、監査担当者は、貸金庫業務のあるべきコントロール（To be）の内容を自ら考えることは求められない。

一方、監査対象を本部各部としたリスクアプローチ監査の場合はどうであろうか。経営企画部や財務部、情報システム部、人事部など本部が監査対象の場合は、一部を除き準拠性テストは採用できないことが多い。例外はあろうが、一般に、本部組織の多くには詳細なマニュアルが整備されているわけではないためだ。

二〇〇八年四月以降の会計年度より適用されるJ‐SOXにより、全社的な内部統制や財務報告に係る業務プロセス統制の可視化（文書化）の整備は進んでいる。しかし、財務報告以外の業務はそのレベルにはないと想像するにかたくない。そのため、本部監査では、準拠性テストよりむしろ視察、閲覧等の監査技術を用いた実証性テストで有効性を検証するケースが多い。したがって、本部監査の場合は、惹起《じゃっき》されうるリスクを事前準備の段階で監査担当者自らが推定し、リスクを軽減する有効なコントロールを取りまとめる必要がある。具体的な確認手続は監査プログラムとして作成していく。これらの作業に内部監査人としての経験を要することはいうまでもない。

このように、往査は、事前に取りまとめたリスクの種類と内容、およびリスクに対するあるべきコントロールを基準として、実際の運用状況との〝ギャップ〟（隔たり）を確認することが主たる監査活動となる。隔たりがある場合は改善を要する指摘事項となる。ギャップの程度に応じて指摘事項の重要度（リスク度）が決定される。

ギャップ分析を可能とするために、新人の監査担当者は「リスクに対する基本的な知識」「リスク対応の方法」「代表的なコントロールの種類」などを知る必要がある。内部監査の勉強はそこからだ。往査期間より事前準備の期間が長いのはそのためである。

その14 監査責任者は監査プログラムの進捗管理を徹底せよ

> 監査責任者が往査期間中に留意することの一つに、事前に承認した監査プログラムの検証状況を把握し、往査日程の進捗を管理するということがある。進捗管理の不徹底により、事前に通知した往査日程を安易に延期してはいけない。

当該監査の責任者は、往査期間中に何をすべきか。

事前準備の段階では、予備調査を実施して個別監査計画書を作成するという重要な役割がある。監査目標を設定し監査範囲を特定したところで、リスクとコントロールに的を絞ったリスクマトリクス表と具体的な監査プログラムの作成に入る。実際には監査担当者がこれらの作業を分担するが、監査責任者は作成された文書のレビューと承認を行うことになる。

監査担当者から監査対象業務に関連するリスクやあるべきコントロールの説明を受けた責任者には、リスクの存在や内容の妥当性、コントロールの有効性などについて注意深いレビューが求められる。ときには、監査拠点にかかわる所管本部からの情報も必要となる。また、リスクが顕在化した場合の最悪のシナリオに対するコントロールの適切性などを勘案する姿勢も求められる。

オフサイトでの事前準備が終了した。明日からいよいよ、監査拠点での往査が始まる。本番監査に向けての緊張感が走る。監査担当者との詳細な打合せも行った。今回の監査は自分を含めて三人。明朝、取り決めた場所に一人の遅れもなく集まるだろうか。万が一の場合の緊急連絡先の記載を確認する。今回の監査期間はわずか一週間と短期決戦である。日程どおりに進捗させなくてはならない。

一九九九年七月金融監督庁（現金融庁）が初めてリスクを主体とした金融検査マニュアルを公表した。それまでの内部監査では、事務の正確性や完全性、人事、総務、経費といった規程への準拠性の検証、すなわち〝検査〟が主流だった。検査では、往査期間における監査責任者の行動に顕著な特徴があった。それは、監査拠点長との面談を通じて、直近の業況をはじめ業務運営や人事管理等に関する情報を入手することだ。それが終わると、実際の業務責任者との人事面談となる。結局、面談でほとんどの日程が消化されてしまう。監査チーム内の打合せもあることはあるが、特に情報の共有が徹底されるわけでなく、監査担当者ごとの指摘事項の確認を行う程度であった。

時代は、〝検査〟から、業務プロセスにおけるリスクを基調としたリスクアプローチの〝監査〟へと移った。監査では、往査期間のシナリオはこれまでとは当然異なったものとなる。特に、往査期間の監査責任者の役割と責任は重いものとなる。

オンサイトでの監査責任者の役割は大きく次の三つといえる。

●限られた往査期間に効率的で実効性ある監査を実現するための進行役を務める。

●当初計画された監査プログラムが予定どおり進捗しているかを現場で管理、監督する。

●監査拠点の責任者、管理者から体制上の課題やコンプライアンスの遵守、管理状況などのさまざまな情報を入手し、監査チーム内で情報を共有する。最も重要な任務は二番目の進捗管理だ。往査期間における監査責任者の指揮、指導力が監査の成否を左右する、といっても過言ではない。

ここで、確認する意味で往査のシナリオを順を追って説明しよう。

まず、初日冒頭に監査拠点の責任者とのキックオフミーティングを主催する。これは、監査責任者の仕事だ。ここで、監査の目的や範囲を十分に説明し、監査期間における管理者、担当者の協力をあらためて要請する。〝監査〟自体がそもそも社内に浸透していない会社の場合には、監査の実施に先駆け、リスクアプローチ監査というものの概要から説明する必要がある。監査担当の人間にとっては、至極当り前の内容でも、二年に一回程度の頻度でしか監査を受けない監査拠点長にとっては、聞き慣れない言葉である。監査拠点長の警戒心を少しずつ解きほぐす努力をする。情報システム監査は特に要注意である。業務監査と異なり、IT監査を実施する会社は意外なほど少ない。IT監査が対象とするリスクは、業務監査のそれとは当然異なる。したがって、初めてIT監査を受ける監査拠点の責任者は、業務監査やコンプライアンス監査とIT監査の違いを正しく理解していない場合が多い。監査拠点からすれば、どの監査も同じようにみえる。だからこそ、監査の目的や範囲、対象とするリスクをわかりやすく説明することが効果的だ。

次のステージである往査における検証作業（Testing）では、監査担当者が監査責任者に事前に承認された監査プログラムやリスクマトリクスに則って、ギャップ分析を行う。テストの方法として、通査や分析的手続、サンプリングによる試査などを活用する。この場面での監査責任者の重要な役割は、全体の往査日程を勘案し、毎日、監査プログラムの進捗を確認することだ。また、業務現場の視察の結果、事前に想定したリスクに加え、新たなリスクが生起されることもある。逆のケースもある。このようなときは、監査プログラムをその場で追加、または変更する必要性が出てくる。監査担当者の意見に耳を傾け、その正当性を現場で判断し、監査プログラムの追加承認などを行う。

監査担当者によって発見された指摘事項の妥当性をその場で確認する。期間内に追加、削除項目を含めた最終的な監査プログラムの進捗を注意深く追っていく。業務分担した監査担当者全員の進捗を冷静に判断し、場合によっては流動的に担当範囲の調整を行う。こうして、当初設定した監査目的を確実に達成する。

往査期間中は、毎日、監査グループ内のミーティングを開催し、入手した拠点情報や監査情報を共有する。最終日には、監査拠点の責任者に対して監査講評会（Exit meeting）

を開催する。往査で判明した内部統制上の重要事項や気がついた改善点などを拠点責任者へ口頭で報告する。拠点責任者にしてみれば、自分が管理責任をもつ内部管理態勢の評価結果をいち早く知りたいものだ。その要請を満たすのが、監査責任者の責任でもある。重大な欠陥や必要と思われる改善事項、現状の評価などをコメントすることによって、その後の監査報告書の取りまとめ作業をスムーズに進行させる。最後に、往査期間中の面談、説明、会議室の貸与等監査業務への協力に対し、謝辞を忘れてはならない。

このようにリスクアプローチ監査において、監査責任者は重要な役割を担う。特に、往査期間中は監査プログラムの進捗を注意深く見守り、遅延の有無、加除訂正の必要性、発見事項などの証左の確認などに注力する。ここで手を抜くと、その後の監査報告に重大な影響を及ぼすことになる。

その15

監査にも〝マナー〟がある

内部監査は、監査担当者と監査拠点との協調なくして成立しない。面談のアポイントメント、資料閲覧や事務機器、会議室の借用などにおいて社会人としてのマナーの遵守は不可欠である。ましてや、原資料を誤って裁断するなどは論外である。

内部監査は、社内に整備された内部統制を評価するものだ。その遂行にあたっては、内部統制の構築に責任をもつ取締役会や経営者、さらに監督当局や外部監査などの定期的な評価というものを念頭に置く必要がある。

内部統制の評価対象は、全社的なレベルから本部各部、営業拠点など多岐にわたるが、内部監査業務は人事考課と異なり、管理者や業務担当者の年間活動内容や営業実績の評価を行うことではない。監査担当者が社内評価者としての立場を過剰に意識しすぎると、監査拠点との連携がうまくいかなくなることがある。

内部監査の保証業務は、リスクの低減を目指し内部統制を改善し、効率化を図るために行うものである。ある意味、内部監査部も監査拠点も同じ目標をもつといえる。現場の管理者は、常にリスクの大きさに見合ったコントロールの強さを維持し続けるために必要な対策をとることが求められる。これまで認識しているリスクに加えるべきものはないか、業務環境や新たな取扱商品の販売などいままでのリスクの大きさに変化はないか、さらに、担当者の転勤や削減、多くの非正社員の採用、新たなシステムの導入等でこれまで整備してきたコントロールの強さに変化はないかなどである。内部監査業務は、このような現場管理者のリスクやコントロールの認識を聞き出すことによって、より客観的にリスクの内容や程度、コントロールの適切性を専門的な嗅覚で判定していくことになる。

監査業務において、当初策定した監査目標を達成するためには監査拠点との協調が必須である。そのためには必要十分な監査マナーが求められることに注意を払いたい。言葉遣いや身だしなみで相手に不快な思いをさせる、業務多忙な時間帯の面談設定、約束した時間への遅れやすっぽかし、威圧的な詰問口調などはあってはならないことである。業務知識については、当然、現場の管理者や担当者のほうが細部にわたって詳しい。監査担当者は、予備調査で事前にリスクやコントロールの内容を少なくとも理解し、業務のあらましを把握して面談に臨む姿勢が必要となる。

また、期待した回答が得られないからといって、後日同じ質問を何度も繰り返す愚は避けるべきである。メモをとるにも技術がある。質問しながらメモをとることはそれほどやさしいことではない。事前に、聞く要点を箇条書きでまとめたり、回答内容を文字で書くかわりにチャートや図式化することも効果的だ。いずれも自分のものにするためには相応のトレーニングが必要となる。現場で保管されている資料などは、社内文書や個人情報などの機密文書であることが多い。コピーをとるにも、間違っても原資料を裁断したり、破棄するなどは許されない行為である。細心の留意を払いたい。また閲覧した資料類は、借りた相手に直接手交で返却するように心がける。往査期間中は、借用した監査担当者専用会議室の施錠、整理、終了後の整頓などにも気を配る。

面談中の録音は特別の注意を要する。最近では高性能かつ小型のものが安価で入手できる。議事録（Minutes）作成は後にし、聴取に時間をかけたいばかりに携帯録音機を無断で使用するのは避けるべきだ。面談の録音は、必ず事前に相手の了承をとる。了解が得られない場合は、速やかにしまい、相手に不要な不信感を与えないようにする。

内部統制の監視活動(Monitoring)の目的が、事務の遵守や正確性を中心とした「検査」から、業務の有効性を評価する「監査」へと変革され、ほぼ八年が経過した。本部や営業現場の責任者、管理者は以前とは比べものにならないほど監査にも慣れ、内部監査部門への要求水準が高くなってきている。そのなかで、内部統制の評価に基づく業務改善に役立つ効果的な内部監査を実施するためには、まずは最低限の監査マナーを身につけることが求められる。

その16

〝沈黙は金〟

往査の面談の目的は、監査拠点の管理者から態勢整備や運用状況を正確に聴取することである。監査担当者が自ら質問した内容に、自ら答えを出してしまうことが往々にある。特に、監査対象の業務に詳しい監査担当者の場合、一人で説明し納得してしまうことがある。

内部監査部に配属される者の社内における経歴はさまざまである。一般に多いのが、コンプライアンス部門やリスク管理部門のミドルオフィス、次に事務、人事、総務、情報システム部門などのバックオフィスや管理部門からの異動などである。まれではあるが、営業部門から直接内部監査部に配属される場合もある。前歴に特段こだわる必要はないが、前歴で培われた経験や処理技法が、内部監査業務に良い影響を及ぼすことにならないことがある。それが、〝沈黙は金〟という理由である。

往査のプロセスでよく活用される監査技術に〝ヒアリング〟がある。

ヒアリング自体は業務プロセスを評価する技法ではないが、業務プロセスを理解するために役立つ技法である。監査対象の業務プロセスが、何を目的に、どのような手続をふんでいるか、その際に遵守しなくてはならない規程は何か。直接の管理者や責任者から具体的に詳細を聴取することで現場の確かな情報を得ることができる。

効果的なヒアリングを実施するためには、守るべきポイントがある。

ヒアリングを実施するときは、いくらその業務プロセスや管理体制に長《た》けていても、決して監査担当者のほうからしゃべってはいけない。無論、監査に関する聴取の目的を説明することやヒアリングの口火を切ることは、監査担当者として吝《やぶさ》かではない。問題は、実際に業務プロセスの説明を受けるときである。よく、昔の業務経験から、「あの手続はこうだよね」「あれは確か主任がやって、責任者に事前に承認をもらっているね」「こうだと思うけど、業務フローが変わっているところがあれば説明して」などなど。なかにはヒアリングの貴重な時間に、自分で事前にまとめた業務フロー図を披露し、管理者に内容を確認してもらっている者まで見受けられる。勘違いもはなはだしい。

内部統制における評価作業は、監査基準日における業務プロセスの整備状況と運用状況について現場管理者から十分な説明を受け、そのうえで証左をもって内容を確認する。確認結果がコントロールの対象として関連するリスクを十分に低減するものであれば良し、改善を要する個所があれば不備指摘事項として評価する。これがヒアリングの主たる目的である。したがって、監査担当者が業務内容についてどんなに詳しい者であっても、自ら説明を行い、相槌をもってヒアリングを進めるべきではない。

監査担当者は、ヒアリング等の面談場所では〝沈黙は金〟を肝に銘じて臨むことが必要だ。内部監査人の資質の一つに〝聞き上手〟がある。辛抱強く、期待した説明があるまで相手に時間を預ける姿勢が、適切な評価を可能とする。

その17 証跡主義を徹底せよ

> 監査対象の業務プロセスが〝有効〟か〝不備〟かの判定は、いずれの場合もそれを保証する証憑の確保が原則という〝証跡主義〟が基本となる。

監査責任者として、往査終了後に作成された監査調書のレビューを行ったときの経験だが、新任の監査担当者が作成する監査調書には二つの大きな特徴がある。

第一の特徴は、監査調書を読む限りでは、コントロールが有効なのか改善を要するのかが、がはっきりしないことである。監査の検証調書（Testing file）とは、監査結果報告書の裏付となる重要な情報を取りまとめたものだ。監査拠点の組織体制や業務プロセスの有効性や効率性を検証し、証憑類の確認結果を説明する文書といえる。業務管理者へのヒアリング、書類の通査、業務処理現場の立ち会いなどの実査した内容は記載されているが、事実に対する監査担当者の〝評価意見〟が適正に書かれていない。厳密にいえば、これでは監査を行ったことにはならない。監査担当者を呼んで説明を求めることとなる。真摯に確認した過程は述べるが、評価の結論の歯切れは悪い。

内部監査の保証業務は、事実を確認、検証したうえで〝評価〟を行い、結果を報告し、改善された後にそのフォローアップを行う一連のプロセスだ。調べ上げた諸々の事象に対して、監査担当者は必ず評価コメントを記さなくてはならない。評価なくして監査の実効性は満たされない。

第二の特徴は、監査調書に記載された事実を裏づける証憑が曖昧なケースが多い。往査現場での視察や資料の閲覧、サンプリングなどの監査技術によって収集した情報をもとにして、なんらかの結論を導く。評価するに至った重要な事実の証左は何かが、具体的に正確に記載されていない。あるいは証憑自体が残念ながら監査調書に残されていない。これでは検出された事実が真実かどうかを第三者に説明できない。内部監査のアカウンタビリティ（説明責任）は、証左をもってはじめて果たせるのである。実際、監査担当者が不慣れだったり、検証に予想以上の時間を要したために監査日程に追われ、十分な確認もせず独り善がりな解釈や事実誤認を犯すことは決して珍しいことではない。社内で発生した不正についての調査同様、内部監査には地道に証跡を積み上げていく努力が求められる。ヒアリングの議事録だけでは証左にならない。

また、一つの監査で作成される監査調書は膨大な量となる。監査担当者一人でも五㎝程度のファイルが優に二〜三個できる。事後作業における内部監査の品質管理の一環で、監査責任者は監査調書の内容を点検することとなる。一つひとつの監査項目に対する事実や評価コメントの正当性を証跡文書で確認することは、レビューする者にとって大変負荷のかかる作業となる。それゆえに、証憑を確保し評価コメントはだれにもわかるような記録を残したい。

個別監査を実施するうえで、監査担当者はまず保証業務の意義をよく理解することが大切だ。〝評価〟のない業務監査は実施した価値がない。経営者が内部監査部門に期待するのは、モニタリングの結果としての評価内容だ。評価を裏づける検出事実を証明する証跡は、必ず取得し、監査調書に残す。〝証跡主義〟は監査業務の基本中の基本といえる。

その18

監査担当者を孤立させるな

内部監査業務は常に監査拠点への説明責任を負う。新任の監査担当者には、事前に承認された監査プログラムに従って、清々粛々とギャップ分析を行うことに集中してもらう。決して孤立させてはいけない。

着任後最初の六カ月が内部監査業務で一番重要な時期だ。この時期に、内部統制の仕組みをはじめとして、内部監査の基本的なプロセスからリスクの定義と分類、統制（Control）の種類と特徴、そして内部監査の基本的技術や応用技術などを習得させる。リスクアプローチが意図する内容、往査におけるプロセスチェックを徹底的に教育する。この時機を失すると、期初に承認された年度監査計画の遂行に追われ、研修に十分な時間をかける余裕がなくなる。やむを得ず、ＯＪＴに任せる結果となってしまうのが通例である。

筆者が内部監査の責任者時代に一番気を遣ったのは、新任のデビュー監査である。いくら事前に体系的な教育、研修を受けたとしても、最初の業務監査はだれでも緊張するものだ。新任は拠り所となる知識を十分にもたないが、実査で管理者と対峙することなく、単に別室で資料を読みふけり、報告を書く程度であれば、特に心配するような問題はない。

内部監査は、予備調査の段階からさまざまな専門能力が必要とされる。監査拠点の組織や体制上の課題、業務に付随するリスクの想定、業務処理を理解するためのフローチャートの作成、責任者との面談によるリスクの共通認識などなどである。それらを整理したうえで、監査目的や範囲を決め、監査計画を策定することになる。さらに、リスク分析やリスク低減の効果的なコントロールの考察、個別具体的な監査プログラムの作成など、経験者でも頭を悩ますステップが待ち受ける。新任に対しては、業務監査部の部屋における仲間内の準備作業の段階から、適切な監査責任者の支援が必要となる。

オンサイトの往査の段階になると、より複雑な作業が待ち受ける。監査プログラムに則って、監査拠点の業務知識に長けた管理者や担当者を相手に、効果的な監査技術を用いて評価するための事実の証跡を積み上げていく。現場で行われている統制の適正性を最終的に評価し、〝有効〟か〝不備〟かの判定を行う。新任一人では相当困難な作業となる。

評価を業務監査部の内輪で行うだけならまだしも、そこには監査拠点への説明責任が常につきまとう。〝有効〟との判定には、監査拠点との平和な空気が流れるが、ひとたび〝不備〟指摘などの評価をしようものなら、執拗な反論が待ち受けることもある。新任だけでは多くの場合、それらの内部統制上有効な改善指摘が、自然消滅という結果を招くことになる。

別のケースでは、監査拠点の部長や管理者が監査担当者の元上司だったりすると、途端に評価のトーンが落ちることがある。内部監査業務の客観性を確保する拠り所である独立性など吹き飛んで、互いに心地よい昔話に花が咲く。また、年次の比較的若い監査担当者の場合、ヒアリングの段階から相手に見下された態度をとられてしまうこともある。内部監査が社会で専門職として確立されている欧米では、特別な事情がない限り年齢など監査業務に影響を与えることはない。年齢よりむしろ内部監査の専門性に欠ける言動のほうが問題とされることがある。

内部統制の重要な欠陥や不備に監査担当者が気づかないか、または見過ごしてしまうことは重大な〝監査リスク〟を負うことになる。新任のデビュー監査は監査リスクが最も高いといえるだろう。それゆえに、なおさら監査責任者の緻密な管理が必要となる。

新任の監査担当者は、決して孤立させることなく、清々粛々とギャップ分析に集中させることだ。おそらく三年有余に及ぶことになる監査業務の最初につまずき、トラウマを経験させないことである。内部監査業務がガバナンス上きわめて重要な役割を担うことから、内部監査の正統をマスターさせ、大事に育て、今後のキャリアパスに生かしてほしいと願うからである。

その19

面談は二名が原則

往査では、一対一の面談は回避する。言った言わない、説明内容を誤解している、正確に理解していないなど、後日の不要なトラブルを避けるために、面談は複数の人員で実施する。その場合、一人は聞き役、一人は記録係というように役割を分担するとよい。

往査においては情報収集や整備状況、運用状況の聴取そして事実確認などを目的としたいろいろな面談があるが、監査における面談は取り調べではない。独立した立場であろうと同じ屋根の下に住むもの同士、企業の内部統制を良くする、改善するという姿勢に変わりはない。面談相手に詰問するような言葉遣いや態度は、いたずらに監査拠点の管理者を警戒させてしまうだけなので避けるべきである。

「なぜ、そんなことをしているのですか」「非効率と思いますが、改善する気はありますか」「そんな無駄なことはやめたほうがよいです」などである。最初の質問などは、真実を知る目的で聞いている限りは許されることもあるが、聞き方一つで威圧的となり、相手を不快にさせるようなニュアンス、口調だと逆効果となる。

面談の際には、相手との信頼関係、（これを「ラポール（Rapport）」と呼ぶ）を確立することが大切だ。はじめの数分間に面談相手となにげない会話をすることによって、その場でのラポールを確立する。聞きたい内容は、たとえば、「はい」「いいえ」の答えを得るような閉ざされた質問より、むしろ自由に話をさせる開放的な質問がよい。質問内容は、最初は一般的なものからだんだんと具体的なものへと移す。聞き手である監査担当者はしゃべりすぎてはいけないが、双方がリラックスしてきたところで、事前調査で確認できた情報から未確認の内容へと話題を切り替える。しかし、いたずらな誘導尋問は避ける。誘導尋問はお互いにすでに知っている事実を確認するために用いるが、注意しないと、後でその事実をひっくり返される危険性がある。あくまでも、相手に説明させることを心がける。説明者がもの忘れをして思い出せない場合に、ヒントとして手助けすることは必要だが、説明内容を監査担当者自ら提案してはいけない。

面談は、基本的に一：一を避けるべきである。監査する側は聞き手と記録係の二名を原則とする。一人は監査対象の業務プロセスのコントロールの状況を聴取し、もう一人は聴取内容のメモをとるという分担だ。極力この役割を守るようにする。記録担当がまったく質問してはいけないということではないが、二人が一人の説明者を相手に一気果敢に攻め立てる愚は避けたい。ゆえに、一人はメモとりに徹する。メモは監査プログラムでまとめた項目ごとに記録すると後で整理しやすい。面談の最中にメモをとる場合、与えられたすべての情報やすべての会話を書き取る必要はない。重要な事実だけでよい。キーワードやフレーズがあれば書き留めておく。説明者の言葉を直接引用したものには「　」などを付けると、後でわかりやすい。

面談のメモは、まとめ終わった時点で、後日説明者に確認するときに効果的な場合がある。常に必要ということではないが、特に重要事項や重要な事実を含む場合には、そのぐらいの用意周到さが求められる。

ヒアリングは決して侮ってはいけない。ただ単に時間内に話を聞けば良いというものではない。そこには歴然と守るべき手順と手法がある。面談は原則二名で行い、役割分担を決めておく。聞く技術を習得し、記録を効果的にとることができれば、往査の第一歩は成功したと考えてもよい。

その20

指摘事項の〝出し惜しみ〟はするな

往査期間中に判明した発見事項は、事実確認の後、可及的速やかに監査拠点の管理者へその内容を伝える。個別監査のスムーズな進行を促進するため、特に終盤での指摘事項のサプライズ（不意打ち）は避ける。

監査担当者にもよるが、往査期間中に判明した改善を要する検出事項を監査拠点へタイムリーに伝えない者がいる。極端なケースは、最終的に監査報告書が発行された段階で、監査拠点の責任者が初めて指摘事項を知ることがある。このような場合、両者間で監査報告書に記載された指摘内容で合意がとれずトラブルになることになる。本来、内部監査は業務態勢やプロセスを評価することによって業務の効率化を促し、改善するために行うものである。そのために監査拠点との連携が必須であることは論をまたない。問題であるとの課題認識をした発見事実を最後まで開示しようとしない姿勢は、いたずらに監査拠点の不信感を招くのみならず、今後の監査への協力を得ることもむずかしくなる。

監査担当者の内部統制に対する嗅覚は、リスクやコントロールの感性が鍛えられている分だけ、現場管理者より鋭いのが普通である。現場管理者との認識を一致させるために、現状のこのコントロール下では特定のリスクが顕在化する、あるいは潜在的なリスクが存在すると認識された事象は、サンプリング等で事象の証跡を固めた後、速やかに監査拠点へその事実と監査人の意見を伝えることが望ましい。

軽微な間違いや事務ミスの類はその場で修正すればすむことが多いが、影響範囲が広範で内部統制への重要性が高いと判断されるときは、発生事由や現場管理者の対応などさらに詳細に調査する必要がでてくる。それは、事象が承認された例外取引なのか、あるいは事務手続を逸脱した結果なのか。いずれにしても、発見事実が現場管理者による日頃の管理の想定外の結果として起こったものか、プロセス自体の欠陥かの判定はしなくてならないためである。そのための方策として、担当者に一人で判断せずに監査チームの責任者に事象発見の経緯を含め、対応を相談することも安全な策といえるが、まずは現場管理者の意見や反論を聞くことが大切である。

監査拠点へ伝えるにあたり、適切な方法とタイミングを考える必要がある。方法とし

（図表10）

【指摘票Ref#】

個　別　監　査　指　摘　票

監査拠点名	
監査業務	

監査人：

作成日：

監査項目		監査Ref#	
指摘事項（事実の記載）	（発見された事実や内部統制への影響等）	リスク度	
改善勧告	（指摘事項に対する内部監査人の意見）		
監査拠点の回答			

指摘事項に対するリスク度を記載する。

て、a口頭での説明、b書面での交付、cイントラネット等のメールでのやりとりなどがある。監査拠点との距離にもよるが、一番効果的で確実なのは、往査期間中の現場での口頭説明である。面前で発見事実や証跡・関連資料などを示しながら説明ができ、管理者の反応や意見も直接聞くことが可能となる。書面の交付は表現の仕方によっては相手に誤解を与えることもあり、回答の受領まで時間がかかる。遠隔地の場合はイントラネットが有効だが、欠点は現物を添付できない場合、説明力に欠けることである。

お勧めは口頭説明で管理者の同意を得た後に、さらに先方の回答を書面で後日受領するやり方だ。その際に手交する書面は図表10を参考にされたい。この方法だと、監査報告書案を作成するという監査の終盤での現場管理者へのサプライズ（不意打ち）も回避でき、事実認識相違があっても早い段階で潰しておけるからである。

内部監査は、いかに相手に安心感を与え信頼感を維持しつつ、誠実に統制状況の評価をするかという姿勢が大切である。そのために監査拠点との発見事項のキャッチボールは早めに行い、〝No surprise〟を心がけたい。

その21　事実確認の〝漏れ〟で、監査は振出しに戻る

監査プログラムに則った関連情報の収集では、事実確認を確実に行い、漏れや誤解、自己満足に陥ることがあってはならない。往査最終日に行う監査講評会や監査報告書の作成段階で、事実誤認が判明すると監査の大幅な遅延を招くことになる。

往査は、「事前準備の段階で作成した監査プログラムに則って、業務の現場で注意深くギャップ分析を行う」ことである。ギャップ分析は、さらに「事実の集積」と「事実の評価」の二つの局面に分けることができる。この二つの局面は、決して排他的なものではなく相互に関連する。

第一の局面の事実の集積では、監査目標を達成するために、監査対象とされる業務プロセスの内容や業務体制の〝テスト〟を行う。〝テスト〟は通常、事務手続や業務マニュア

ルの精読、あるいは業務管理者のヒアリングから始まる。まず取引の全容を把握するためだ。ここで、過去に当該業務の勤務経験を有する者が、その経験を過信して、十分にこのステップを踏もうとしない場合に、大変危険な行為となる。たとえ半年前であろうが、その間に手続が改変され、担当者が変わることはよくある。統制状況がすでに過去とは相違しているという事実を見過ごす愚は避けなければならない。まずは監査の初心に戻り、地道なステップを踏む。預金の受入れ、融資の実行、市場取引、経費事務や決算処理などあらためて監査対象の取引の流れを〝ゆりかごから墓場〟までひととおり理解する。取引の流れを理解した後、次に一～二件の実際の個別取引を例として、フロントやバックオフィスの業務現場で取引の処理の実態を視察などを通じて追っていく。必要に応じて、取扱依頼書や入力指示書、責任者の承認簿、コンピュータの出力帳票などの監査に有用な資料のコピーを入手する。この監査手続を〝ウォークスルー（Walk Through）〟と呼ぶ。このウォークスルーで、個別業務のプロセスの全容を確実につかむ。

次に、取引の正当性、適正性を確認するために、無作為抽出などのサンプリング技法を用いて、前回監査基準日以降の処理結果（事実）を積み上げる。そして、確認した事実を記録し必要な証憑のコピーを入手する。ここまでが事実の集積作業となる。

第二の局面は、事実の評価作業である。監査担当者は専門家としての判断を行うために、集積された事実を評価しなければならない。ここで注意することは、ギャップ分析で収集された情報が後にとんでもない結果を導くことがあるということである。それは、集めた情報や管理者から聴取した内容と監査担当者が理解したこととの間の不一致から発生する。「そんなバカなことがあるか」と、思うかもしれないが、現実にはよく起こる。理解の不一致は、結果として導いた評価自体が、情報や聴取内容と整合せず、最悪のケースでは実査のやり直しとなってしまうことになる。裏付が十分でない内容や勝手な思い込み、安易な評価は、厳に慎むべきである。

事実の評価には、一般に評価に足る監査証跡の量と質が必要となる。監査証跡の要件は、一般に、〝十分性〟〝関連性〟〝信頼性〟〝有用性〟とされる。評価にとって最初の三つは特に重要である。〝十分性〟とは、業務に精通した人であれば同じ結論に達するほどに説得力がある客観的な情報のことである。〝関連性〟は、監査目的に合致し、往査での発見事項や改善提案を裏づける情報で、〝信頼性〟は、的確でバイアス（偏見、先入観）がかかっていない情報を意味する。監査プログラムの各々の項目について、収集された情報がこれらの条件を満たしているかを、丹念に確認していく必要がある。そして、それらをもとにして業務プロセスの有効性を評価する。

取引情報は、原則、監査の対象期間（前回監査基準日の翌日から今回の監査基準日まで）におけるすべての取引が監査対象となる。しかし、監査プログラムで確認する項目は多岐にわたることが多い。一つの取引の有効性の確認に、多くの時間を費やすことはできない。ここでは、無作為抽出法などの統計的サンプリングが効果的な監査技術となる。

監査報告書作成の終盤の段階で、監査拠点の管理者や担当者に指摘事項の記載事実を否認されることほど、残念なことはない。双六《すごろく》で振出しに戻る目を出してしまったようなものだ。一つひとつの事実確認を慎重に行い、評価に反映させるための監査証跡の要件をしっかり頭に叩き込みたい。

第4章

監査報告書に監査担当者の魂を込めよ

その22

総合評定には相対評価はそぐわない、評定分布を事前に決めるな

リスクアセスメントで策定された年度監査計画の段階で、実施する監査の評定分布を事前に決めることは時間の無駄である。内部監査の保証活動に相対評価はそぐわない。

リスクアプローチ監査が金融監督庁（現金融庁）によって導入され、早一〇年を迎えようとしている。なぜ、リスクアプローチなのか。リスクアプローチ以外ではいけないのか。

評定分布の話の前に、現在世界で主流のリスクアプローチについて少し考えてみよう。リスクアプローチが生まれた背景には、企業が直面するさまざまなリスクの増加や複雑化がまず挙げられる。金融機関では、信用リスク、市場リスク、流動性リスクやオペレー

ショナル・リスクなど伝統的なリスクに加え、急激なeビジネスの発展の裏側で成りすましやフィッシングなどの新たな脅威も生まれている。これに対しては、高度な情報セキュリティへの安全対策が必要とされる。次に、偽装、不祥事や粉飾など内部・外部の要因による断続的な企業の不正の発生、〝もの言う株主〟の内部統制への厳しい要請など、企業が直面するリスクへの監視機能の強化が経営者に求められるようになってきたことである。会社法や金融商品取引法など内部統制への法規制の整備もそれに拍車をかける。監視機能としての内部監査の重要性が認識される一方、内部監査の要員やコストには限界がある。そこで生まれたのが、監査資源をよりリスクの高い分野へ重点的に傾斜配分を行う手法、すなわち、リスクアプローチ監査である。

リスクアプローチ監査とは、「監査拠点におけるリスクの種類や程度及び管理体制を理解し、評価（リスクアセスメント）した上で、重点分野を特定（リスクフォーカス）しメリハリを利かせた監査の実施により、運営上の重大なリスクが各部門の統制によって適切に管理されていることを検証しながら、監査の有効性と効率性を同時に追求する」アプローチを指す。

リスクアプローチでは、内部統制を評価するうえで二段階のステップがある。最初のステップは、往査で検出された不備指摘事項の重要性（リスク度）の評価である。重要性は、そのリスクの発生可能性と影響度合いの評価軸がある。この二つの評価軸を参考として、発見事項の重要性を判定する。リスク度が〝高（High risk）〟〝中（Medium risk）〟〝低（Low risk）〟などである。次に、これらすべての発見事項のリスク度から監査拠点の全体の内部管理体制を総合判断して、総合評定を下す。平成一九事務年度より本格採用された金融庁検査の評定制度では、A、B、C、Dの四段階になっている。

このようにリスクアプローチ監査の場合、会社のあらゆる部門や業務、情報システムを対象として、リスクの高い分野を優先的に監査する。監査サイクルも当然短い。そして、内部統制を客観的に評価し、リスク管理の観点から内部統制上の脆弱ポイントを経営者に明瞭、簡潔に報告するものである。

つまり、内部統制の評価への相対評価の導入は適切ではない。相対評価で、たとえば東京支店と大阪支店、福岡支店の統制状況を比べるものではない。まして、A評価を全体の五％、B評価は二五％、C評価は五〇％で、最低のD評価は二〇％などの設定が必要ないことは論をまたない。

内部統制のモニタリング機能を担う内部監査の目的は、潜在するリスクにその評価の基礎を置き、内部統制を評価し、改善していくものである。会社全体における内部統制の評価、すなわち、経営者が喫緊の課題として早急に取り組むべき課題を明示し、強固な内部統制を築くことに貢献することが、内部監査の真の役割である。

その23 監査報告書の構成は〝ECA〟が基本

内部監査の結果報告書の構成はシンプルなものほどよい。多忙な経営者等への報告は要領を得た簡潔、明瞭な内容とし、その構成はＥＣＡを基本とする。

内部監査の報告書は、内部統制に責任を有する経営者や取締役会、監査委員会等に向けられた報告書である。その内容は、内部統制の改善を通じて企業価値に貢献するものでなくてはならない。具体的な、意義ある、実現可能な、結論が明瞭でタイムリーなことが重要な要点となる。

内部監査の結果報告書の発行は早すぎても遅すぎてもいけない。通常往査終了後一カ月以内に報告する。報告書の作成自体は二週間程度をメドにする。この期間に発見事項や監査調書をまとめ、指摘事項の改善提案に対する監査拠点の回答を得る。その後二週間程度で部内報告、監査部長の承認へと続く。そして、経営者または専管役員等への報告を経て、正式に発行となる。一カ月を超える監査報告書は適時性の点で改善の余地が残る。

監査報告書の構成は、〝ECA〟が基本となる。〝E〟は監査要約（Executive Summary）、〝C〟は結論（Conclusion）、最後のAは改善指摘事項（Audit Issues）である。量的には、せいぜい〝E〟と〝C〟で一枚、多くても二枚である。このなかで特に、〝E〟と〝C〟に監査担当者の魂を込める。毎日膨大な報告書や決裁書、起案書が回付される経営者にとって、ページを一枚めくるか、めくらないかが大きな負担となる。ただ、社内に内部監査担当の専管役員がおり、いつでも面前で十分な説明できる体制であればその限りではない。

〝E〟の監査要約では、監査の対象、監査の目標、監査基準日と監査期間、監査担当者、監査の範囲などを簡潔に記載する。ここで、どの部門を対象に、どのような目的で、どこまでの範囲を、いつ実施したかを説明する。監査基準日は重要である。これは監査の基準となる日を示し、前回の監査基準日の翌日から今回の監査基準日までが監査のレビュー対象の期間となる。監査拠点の体制や対象とされる取引の抽出もこの期間内が対象とされる。監査基準日を設定しない内部監査部門もあるようだが、どの期間を監査対象としたかのアカウンタビリティに欠けることになるので、監査基準日を設けることをお勧めする。

〝C〟は、結論である。これは総合所見と総合評定からなるが、ここに内部監査部の評価結果としての意見表明が凝縮される。総合所見は、監査対象が取り組むべき喫緊の重要課題とその緊急度を示した経営への評価メッセージである。総合評定は、個々の指摘事項の重要度（リスク度）から判定された監査拠点の内部統制全体の評定である。総合評定は、通常三～五段階で設定されることが多い。五段階の場合は、A、B、C、D、E、あるいは日本的に優・良・可・不可・きわめて不良などがある。金融庁検査の評定制度は、A、B、C、Dの四段階である。総合評定の設定の利点は、内部統制のレベル感が一目で理解できることにある。表現力に凝った日本語は美しい半面、良いのか悪いのかが釈然とせず、不明瞭となる欠点がある。総合評定の設定は説得力を増す。まだ実施していない会社も少なくないが、早めに導入を検討することをお勧めする。

最後の〝A〟は監査指摘事項を取りまとめたものである。口頭注意レベルのものは記載する必要はないが、リスク度が高いものはすべて記載する。

海外では、論文形式の監査報告書がほとんどだが、日本ではB４判またはA４判サイズの制定様式とするところが多い。慣れてしまうと制定様式のほうが読み手も書き手も時間が節約でき、簡潔で利便性が高い。

また、まれではあるが、監査部長の承認の前に、監査報告書のドラフトのレビューを監査拠点の部長に依頼する監査担当者が見受けられる。この行為は論外で、独立性が著しく阻害されることになる。監査報告書の発行時に喚起される議論を極力避けたい気持ちからであろうが、担当者の依頼の趣旨である記載事実の確認等ではなく、総合所見や総合評定へのコメントが返されることが関の山である。内部監査の役割をわきまえる必要がある。

内部監査は、会社の運営に関し価値を付加するために行う保証活動である。作成した監査報告書をもう一度読み返し、だれに向けて報告しているのか、報告書の総合所見や改善提案の内容が真に業務の改善、内部統制の向上に役立つかをしばらく考えてほしい。監査業務が惰性に流されることなく、一つひとつが経営への生きたメッセージとして十分で有効なものか。この積重ねが専門性を高め、信頼を受ける監査業務を実現することになる。

その24

発見事項はハイリスクの順に記載せよ

監査報告書の発見事項の記載では、重要度（リスク）の高い項目から順に記載する。検出された順番に意味はなく、経営者にとって必要なのは喫緊の課題を知ることだ。

監査報告書は、予備調査で設定した監査目標が達成されたかどうかを、取締役会、経営者等へ報告するために作成する。部門別、業務別、リスク種類別、機能別など監査の対象範囲は広く多岐にわたる。

監査目標は、一般に予備調査によるリスク分析に基づき策定される。企業向け融資業務の所管本部である審査部を監査する場合、与信管理体制、自己査定基準、与信権限規程やモニタリングシステムなどの有効性、適切性の検証が監査目標となる。過去に一度も監査実績のない新しい分野における監査目標は、金融機関であれば、信用リスク、市場リスクやオペレーショナル・リスクなどの基本的なリスクに加え、評判リスク、不正リスク等の派生リスクを勘案する。監査対象部門の業務分掌、責任体制や管理態勢などを整理、分析することによって、おのずと監査目標がみえてくる。

監査報告書は、監査の行動実績の記録や監査目標に対する意見・論文の類ではない。想定したリスクに対して統制手続（コントロール）は十分にその効力を発揮しているのか、改善すべき脆弱な箇所はないか、きわめて危険な状況に置かれているか、といった現状の評価結果を報告するものである。そのために、事実や事象の集積が必要とされ、監査担当者としての客観的な評価が求められる。

評価では、検出された指摘事項のそれぞれに〝重要度〟を付すとわかりやすい。〝重要度〟とは、発生可能性や影響度合いを軸として、リスクの緊急度を分類したものだ。つまり、発生可能性や影響度が顕著な場合はリスクが〝高（High risk）〟、発生可能性の緊急度はそれほどでもないが業務運営への影響が大きい場合はリスクが〝中（Medium risk）〟、中長期的にも発生の可能性は低く、業務への影響が軽微な場合はリスクが〝低（Low risk）〟といった評価となる。

監査報告書の発見事項は、この重要度の高い順にその明細を記載する。そうすることによって、監査報告を受ける取締役会のメンバーや経営者、監査拠点の責任者は、要点を絞って読むことができる。

通常、一回の監査で指摘事項が一〇を超えることは珍しいことではない。指摘事項が監査報告書に発見された順に並べられていたり、順不同では、内部統制の改善すべき重要事項は最後まで通読しなくてはならないことになる。これでは、ただでさえ忙しい取締役や経営者にとって時間がいくらあっても足りない。無論、経営者として、業務の現場で起こったすべての欠陥を知る必要はあるだろうが、リスクの軽重を重視する姿勢があっても間違いではない。内部統制上、喫緊の課題は何か、それを放置すればどのような結果をもたらすのか、社会的な問題になりうるのかなど、経営者は内部監査部の評価意見を求めているのである。

内部統制のうえで改善を要する指摘事項が多い場合は、指摘事項詳細の先頭に、指摘事項の一覧を記した要約書を一枚添付すると効果的である。一目で理解できるからだ。

リスクアプローチの監査を標榜《ひょうぼう》する場合、個々の指摘事項に〝重要度〟（リスク度）を付すと、監査拠点に対する内部監査部の評価結果がより鮮明となる。そして、監査報告書に記載する改善を要する指摘事項は、リスクの高い項目から列挙する。多くの指摘事項の評価内容を端的に表現し、緊急性のある重要な問題点を手際よく、読み手に知らせることができる。監査報告書は監査担当者の腕の見せどころでもある。

その25 クロスリファレンスが監査調書の命綱

個別監査計画書、リスクマトリクス表、監査プログラム、発見事項、不備指摘事項一覧表、内部監査報告書等は一連のリファレンス番号で関連づける。クロスリファレンスが記載されていない監査調書は、監査責任者のレビューをきわめて困難なものとする。

個別監査で作成される監査調書は膨大な量にのぼる。監査責任者は、そのすべての監査調書を監査終了後にレビューする。事実や評価コメントの正当性を一つひとつ証憑で確認していく。

個別監査の目的は、監査対象拠点の業務運営体制や業務プロセスの有効性を評価することにある。監査担当者が担う保証業務の意義はそこにある。評価の示されない業務監査は結末のない映画のようなもので、大変味気ない。経営者が内部監査部門に期待することは、内部統制をモニタリングした結果としての評価である。したがって、評価を裏づける証憑は重要な意味をもつ。それゆえに、事実を示す証憑は必ず取得し、監査調書に残すことが重要だ。

内部監査は〝プロセス〟で完成度が決まる。監査調書はそのプロセスを代弁しているのである。事前調査に基づき監査の目的と範囲を決定し、個別監査計画書を作成する。そして業務プロセスに潜在するリスクを想定し、リスクを低減するに十分なコントロール（統制手続）をリスクマトリクス表にまとめる。監査プログラムは監査手続の明細である。往査での発見事項、それをまとめた不備指摘事項一覧表、不備指摘事項をもとにして評価意見を記した監査結果報告書といったすべての調書が、当事者の監査担当者は無論のこと、第三者のレビューを容易にするように作成されなくてはならない。ここに専門性の有無が発揮される。欧米やアジアのプロの内部監査人は、このポイントを的確におさえている。

キーワードはリファレンス番号。リファレンス番号は往査期間中の監査調書を作成するときに考えるものではない。リファレンス番号の体系は、通常個別監査の計画の段階で決めておく。一般に、監査対象拠点の業務単位（例　ＤＰ（預金）、ＬＯ（融資）、ＦＸ（外為）、ＡＣ（会計）…）に監査担当者ごとに採番する。リスクマトリクス表の項目番号（例Ｒ1、Ｒ2…）や監査プログラムの監査項番（例　Ｐｒ1、Ｐｒ2…）も監査担当者ごとにバラバラではなく、統一した記号をあらかじめ設定する。往査で収集されたさまざまな証憑も個別にリファレンス番号（例　Ｔ1、Ｔ2…）を採番する。

説明力のある監査調書を仕上げるにはリファレンス体系の事前整備を大前提としたうえで、監査担当者やレビュー者にとって、事実の記載や確認作業を簡素化できる有効な手法が一つある。それは、〝クロスリファレンス〟をうまく活用することだ。日本ではこのクロスリファレンスの重要性が十分に理解されているとはいえない。もっと活用されてしかるべきだ。リファレンス体系をあらかじめ決め、すべての監査担当者に監査調書への記載を徹底させる。それだけでも監査調書のレベルは格段に上がる。そして、監査プログラムの個々の項目ごとにクロスリファレンスを記入することによって、それぞれの調書の関連性が一目で理解でき、説明力がぐっと強化される。わざわざ言葉による説明など不要となり、クロスリファレンスを付記するだけで該当監査のプロセスが表現できることになる。

監査責任者のレビュー時間の短縮は確実である。

内部監査は監査結果の報告書がすべてではない。監査業務では、監査対象の業務プロセスを決められた監査プロセスに則って、設定された監査目的が正当に達成できたかどうかを証明することが求められる。そのために、リファレンス番号を体系化し、それぞれの監査調書にクロスリファレンスの記入を徹底すれば、監査の品質は格段に向上する。ぜひとも検討いただきたい。

その26

腕の違いがわかる監査調書

監査調書にはその作成者の能力が端的に現れる。監査調書のレビューを行うと、その違いがよくわかる。その差は歴然としており、それが人事考課に反映されれば、全体の品質と個々のモチベーションが大変高まることになる。

これまでの説明で、監査調書が監査の品質を表すことはご理解いただけたと思う。それゆえに監査責任者の監査調書のレビューが重要な意義をもつ。良い監査調書を作成するには、それぞれの調書の関連性を示すクロスリファレンスを効果的に記載することがポイントである。

米国でプロのインターナルオーディターと二年間にわたり内部監査業務に携わったことで、自分が行った監査をいかにして短時間に効率的にまとめるか、みやすく第三者への理解を容易なものとするか、数多い監査調書のどれを強調すれば良いかを学んだ。その結果、この手の事務ワークは手先の器用な日本人のほうがはるかにうまいと思った。監査調書のまとめ方にはコツがある。このコツを会得すると、格段にアカウンタビリティが向上する。つまり、良い監査調書ができあがる。

監査調書は、まず大きく三種類に分類する。管理調書（Administrative File、以下〝A〟ファイルと呼ぶ）、永久調書（Permanent File、同様に〝P〟ファイル）、そして検証調書（Testing File、〝T〟ファイル）である。

Aファイルは個別監査計画書などその回の監査で作成された関連資料、Pファイルは永年保存を含む監査報告書のうち、次回以降の監査で継続的に参照される資料類、Tファイルは、内部文書や面談録、チェックリストなどの監査証跡を示す調書である。このTファイルはボリュームが一番多くなるので、監査プログラムの項目ごとにリファレンスをつけて直ちに整理してしまう。それぞれの監査調書の全体像、すなわち最終のファイルイメージを頭のなかに描き、監査の歩を進める。最後に、それぞれの調書ファイルごとに表題を付した表紙をつけ、作成の証として作成日を記し署名を行う。だれが作成したかわからないようでは困る。監査調書は往査終了後一週間以内をメドに仕上げる。図表11は監査調書

（図表11） 監査調書のインデックス

種　類	内　容	調書Ref
管理調書 Administrative File	個別監査計画書	A－1
	監査実施予告通知書･監査実施通知書	A－2
	事前準備資料一覧表	A－3
	タイムシート	A－4
	拠点回答書	A－5
	不備指摘事項の明細（原本）	A－6
	前回指摘事項のフォローアップ表	A－7
	監査打合せ議事録	A－8
	;	;
永久調書 Permanent File	監査報告書	P－1
	リスクマトリクス表	P－2
	監査プログラム	P－3
	不備指摘事項一覧表	P－4
	前回監査結果報告書（写）	P－5
	拠点組織図	P－6
	職務記述書	P－7
	経営計画書・業務計画書	P－8
	方針と手続書	P－9
	;	;
検証調書 Testing File	監査プログラムの検証結果取りまとめ表	T－1
	不備指摘事項の明細（写）	T－2
	監査証跡関連文書	T－3
	;	;

の一覧表である。

このなかで、監査プロセスを明確に示す重要な監査調書は、次の五つである。(1)A―1個別監査計画書、(2)P―2リスクマトリクス表、(3)T―1監査プログラムの検証結果取りまとめ表、(4)P―4不備指摘事項一覧表、最後は、(5)P―1監査報告書である。賢明な読者の方はすぐおわかりいただけると思うが、これらの調書は個別監査のプロセスを時系列的に並べたものだ。監査責任者は、これらを毎回事後にレビューすることで、監査の品質の維持を図る。口頭での不要な説明抜きに、自分が行った監査プロセスを文書で語る。これが、良い監査調書の典型だ。これができれば、専門性はかなり身につくことになる。監査調書に対する日頃の鍛錬が知らずのうちに専門性を高め、品質を磨くことになる。

監査調書を一目みるだけで、統一され体系化された監査業務の品質を想像することができる。監査調書は監査担当者のかわりに、その監査のすべてを語ってくれる代弁者である。個別監査が終了した時点で、もう一度先に挙げた五つの重要な監査調書を見直してほしい。ここを鍛えることによって、あなたの監査調書は他のものとはひと味違うはずである。

その27
タイムシートに並ぶ魔法の数字

個別監査ごとに作成するタイムシートは、監査所要時間の実態を把握するための最善のデータである。内部監査部長は、タイムシートの意義をよく理解し、個々の監査業務のデータを蓄積する必要がある。データは年度監査方針を策定する際の資源計画のアカウンタビリティを強化する。

皆さんはタイムシートをご存じだろうか。出社や退社時の事務所のタイムカードを思い浮かべ、即座に拒絶反応を示す方がいるかもしれない。時間を管理する象徴として、タイムカードに良い印象をもつ人は少ないだろう。

内部監査で作成するタイムシートの効用を知る者は少ない。海外で活躍するプロのインターナルオーディターにとって、タイムシートは当り前のことである。残念ながら、日本の内部監査では、導入が遅れている。

タイムシートの具体的な効用には、次のようなものがある。
●期初に策定する年度の監査基本計画の人的資源計画に活用できる。
●一年間に実施可能な個別監査の件数を示唆する。
●年度監査計画策定の説明根拠を示す重要なデータとなる。
●個々の監査業務の実態ベースの所要時間が把握できる。
●個別監査で監査担当者単位の三つのステージ別の所要時間がわかる。
●個別監査業務で三つのステージのどこがネックとなっているかの情報を与える。
●個別監査業務の効率性を高める材料を与える。
このように、タイムシートは内部監査部にさまざまな情報をもたらし、データの内容を分析することによって内部監査の効率化が図れる。しかも作成自体にさして時間を必要としないことが特長だ。

では、タイムシートとは実際にどのようなものか。図表12をみていただきたい。

タイムシートは、会社によって作業項目（表内下段）は異なるが、個別の監査業務における主要項目の所要時間の記録票である。タイムシートは、監査責任者を含め個別の監査

（図表12）

日付：

内部監査タイムシート

被監査拠点：

監査担当者：

監査周：　/　　－　/

	作業項目	所要時間							時間計
		日	月	火	水	木	金	土	
1									
2									
3									
4									
5									
6									
7									
8									
9									
10									
	日別所要時間計		0.0	0.0	0.0	0.0	0.0		0.0

《　作業項目表　》

作業項目（適宜追加可）		研修・休暇関連	
1	事前準備（組織、業務の習得等）	16	内部研修・勉強会
2	監査計画書作成	17	外部セミナー
3	監査プログラム・リスクマトリクス表作成	18	
4	往査（資料分析、テスティング等）	19	休日
5	キックオフミーティング	20	休暇
6	被監査拠点との打合せ（面談等）	21	病欠
7	監査チーム内の打合せ	22	私用
8	監査講評会	23	早退
9	監査報告書作成・レビュー	24	
10	監査調書作成・レビュー	25	
11	監査報告会（内部監査部長）		
12	監査委員会報告/役員報告会		
13	フォローアップ		
14			
15	移動時間		

業務に携わるすべての者が週単位で作成する。

個別の内部監査には三つのステージがあると以前述べた。〝事前準備〟に〝往査〟、そして〝事後作業〟である。それぞれの時間配分は、〝四：二：四〟の按分をメドに全体の日程を組む。その際、全体の所要日数をどう設定するかが問題となる。五日の短期間勝負か、一〇日でやるのか、それとも二〇日間かけじっくり取り組むのか。これは、決して監査部長がカンに頼って決めるものではない。内部監査の品質評価の判定基準の一つに「効率性」がある。効率性の尺度として、〝時間〟は生産性に大きく影響を与える要因である。その重要な時間が、長年培った〝カン〟により決定されてよいはずはない。頼ってよい〝カン〟と頼ってはいけない〝カン〟がある。

確かなデータを基礎にして、次年度の監査計画を策定する。取締役や監査役等から「なぜ？」と聞かれた際に、データを示して説明する。タイムシートはこのようなデータを提供する重要なツールである。

タイムシートの導入を成功させるには、守るべき要件が二つある。まず、ａタイムシートを監査担当者の成果実績に活用するな、ということだ。内部監査は手が早ければ良いというものではない。監査目標の達成に向け、定められた監査プロセスをスケジュールに則って確実に実施するものである。タイムシートは人事考課には向かない。次に、b監査担当者の行動管理の材料にしてはいけない。目配りの下手な監査部長がよくやるパターンだ。これをやられたのでは、だれも率先して正確に記入しようとしなくなる。目的を違《たが》えた使い方は、結局のところ機能しなくなる。

監査担当者のすべてのタイムシートを個別監査終了後に集計し、総時間を把握する。総時間を個別監査の三つのステージに分類し、それぞれの実績を記録しておく。やることはそれだけだ。あとは、年度の終わりに年間のすべての個別監査の合計を算出し、その平均総時間を日数に換算し、平均所要日数を把握する。たとえば、年間二〇件の監査を実施した場合の平均所要日数が二二日と算出された場合、翌年度の監査は、その数値が監査期間設定の基準となる。もう一つは、三つのステージ別の集計である。同じように平均を算出する。すると、全監査業務の平均がつかめる。四：二：四の配分の基本方針と比較し、実際はどのような時間配分となっているかが興味深い。驚く結果になることもある。

タイムシートは内部監査の効率化と実行性を保証する重要なツールである。タイムシートの集計、分析を通して、確かな監査計画の策定が可能となる。キーワードは確かな説明責任。ぜひ、導入を検討することをお勧めする。

第5章

高度な専門性とレベルアップを目指して

その28

内部監査の品質の維持は〝継続性〟が命

内部監査の品質を維持し、確保するには、監査業務の〝日常的な監督〟と〝内部の品質評価プログラム〟の作成が不可欠である。

スーパーマーケットの冷蔵棚に並ぶ生鮮食品や大手家電量販店に陳列されているデジタルカメラ、液晶ＴＶなどすべての商品には独自に工夫を凝らした特長がある。それぞれの商品には、法的な品質レベルや業界の品質基準などが定められており、メーカーはその遵守に多大なコストをかける。それらの基準と同様に、内部監査にはＩＩＡが定めた品質基準がある。

筆者が、米国でプロのインターナルオーディターと内部監査業務に携わっていた際、元ニューヨーク州銀行局検査官のマネジャーが品質管理の一環で、監査の終了のつど、監査調書のレビューに時間をかけていたことが強く印象に残っている。もっとも、内部監査の品質は、監査終了後のレビューがすべてではなく、内部監査規程や内部監査マニュアルの作成の段階ですでにその品質は問われているといってもよい。

一般に、内部監査の品質評価には内部の評価と外部の評価がある。二〇〇二年一月に改訂されたＩＩＡ発行の内部監査の専門職的実施のフレームワーク（The Professional Practices Framework）では、五年に一度、外部の品質評価を受けることが推奨されている。〇二年から〇六年までの最初の五年で実際に外部の品質評価を受けた上場企業はどれぐらいあるであろうか。決して多くはないはずだ。〇七年度より第二サイクルに入り、各会社の内部監査部門はその活動実績の品質が、いよいよ問われる時代に入った。

外部の品質評価に加え、内部の品質評価には、日常的な監督業務（Ongoing supervision）と内部の品質評価がある。内部の品質評価は、内部監査部門の業績に関する組織的なレビューで、自己評価または内部監査の実務と基準についての知識をもつ組織内の他の人々によって実施される定期的なレビューを指す。

ここで強調したいのは、内部の品質評価もさることながら、日常的な監督業務、すなわち品質管理の重要性である。

予備調査結果に基づく個別監査計画の立案、往査時の効率的な監査手法、業務プロセスの評価の基準、リスクを基調とする生きた監査報告書の書き方など内部監査業務の指導の項目は多い。内部監査マニュアル等に規定されている監査プロセスに則って、期待された監査手続が着実に実行されているかの管理は、むずかしくもあり、手の抜けない重要事項だ。

ＯＪＴ主体の監督に加え、個々の監査業務の品質を維持する便宜的な方法がある。それが、作成されたすべての監査調書を監査のつど、監査責任者がレビューする方法だ。この監査調書の検証は簡単なように思えるが、あまり企業の内部監査部門の現場では実行されているとはいえない。

具体的には、監査の一連の流れを、個別監査計画書からリスクマトリクス表や監査プログラム、不備指摘事項、証憑、監査報告書などそれぞれ作成された関連調書で、全体の整合性をつぶさに検証する作業である。そのつどの検証を行うことなく、年間何十と実施される監査業務全体の品質を一定のレベルに維持することはきわめて困難である。

定例的に監査調書のレビューを実施するために、簡略化した品質管理チェックリストを作成し、効率化を図る会社がある。チェックリストは有効なツールだ。逆に、十数枚に及ぶ精緻なチェックリストを考案したために、点検の過度の負担からせっかくの検証作業が惰性で形式的になってしまった会社もある。そのような場合、当然の帰結としてかけたコストに比べ、品質がいっこうに改善されないことになる。

内部監査の品質の確保は、実施された監査活動が、内部監査業務一般に認められた基準を満たすことである。それは、第三者への説明責任を果たし、確かな信頼を得るために欠くことのできない内部監査部門の使命である。日常的な監督はいうに及ばず、特に監査調書のレビューに相応の時間と人材を確保し、継続的に実施することをお勧めする。

その29 不正の兆候を見分ける能力を磨け

内部監査に不正の摘発を行うことは求められてはいない。不正の兆候（Red Flag）を識別するための十分な知識を習得し、内部監査の保証活動を通じて、不正の発生を防止する内部統制の仕組みづくりに貢献することである。

内部監査を担当する者は、周到に計画準備された定期的な監査業務を通じて現場への牽制機能を発揮し、不正を抑止することで、内部統制の改善に貢献する。この不正に対する基本的な役割を理解したうえで、職責を効果的に全うするために、さまざまな不正についての知識を蓄える必要がある。

ＩＩＡの実践要綱では、不正調査に関する内部監査人の要件を次のように定義している。

a不正の兆候を発見するために、不正の特徴、方法、種類等についての十分な知識をもつこと。

b権限逸脱やコントロールの無視など、不正の発生を許すような行為に気を配ること。

c不正の兆候に対し、どのような措置が必要か、あるいは調査の実施を勧告すべきかを決定すること。

d調査を勧告すべき不正の兆候が十分にあると判断した時は、経営者や専管取締役、監査委員などの組織内の適切な権限を有する者に報告すること。

一般に不正発生の要因として、プレッシャー（動機）、機会の認識、正当化が挙げられる。これを、〝クレッシーの不正のトライアングル〟（Donald R. Cressey）と呼ぶ。たとえば他人と共有できない経済的な悩みや問題をもっている、職場には容易に不正を行う機会がある、そして不正を正当化するさまざま理由があるなどである。

個人レベルの不正の一般的形態は次のようなものだ（Sawyer's Internal Auditing 参照）。
1　商品、道具、備品、その他の設備を盗む。
2　現金勘定またはレジから少額の現金を盗む。
3　商品の販売記録を行わず、代金をくすねる。
4　売掛金の回収金を着服し、廃棄した用紙や自製の領収書によってレシートを発行する。
5　盗んだ金額を得意先勘定に負担させる。
6　嘘の顧客クレームや返還請求に対し、与信を与える。
7　毎日現金の預入れを行わない、または一部の現金のみ預け入れる。
8　窃盗を隠すために預金伝票の日付を変える。
9　給与支払いに関し、架空のパートの雇用、または賃率や就業時間の水増し。
10　現金売上帳を破壊、改竄、無効にし、現金を着服する。
11　誤った支払いを裏づけるために私用で支出した領収書を用いる。
12　自分で作成した偽の領収書、または仕入業者と共謀して入手した偽の請求書に支払う。

13 購入注文を悪用し、会社に個人的な購買を負担させる。

14 窃盗または犯罪を隠蔽するために棚卸資産を偽造する。

15 金庫または金庫室の鍵、ないしは暗証番号等を外部の者に売る。

16 キックバックをもらうために、顧客に特別価格や特典を提供したり、特定の業者に仕事を与える。

無論これらがすべてではないが、不正の発生の可能性を常に念頭に置いて、業務プロセスや管理態勢を継続的に、注意深く観察する必要がある。

一方、会社レベルの不正は、単独では発見することがむずかしい場合がある。そのためにも、監査役や外部監査人等との不断の情報交換や業務監査や会計監査との連携が有効となる。会社レベルでは、不正の存在の可能性を示す次のような状況に留意する。

- 同じ業界の他社と比較し、成長や利潤の増大が急速である。
- 運営に大きな相違がないのに、財務業績が競合他社より著しく良好である。
- 趨勢や財務諸表の重要な関係に説明できない変化がある。
- 分権的経営が行われ、かつ内部報告システムが脆弱。

●利益は堅調だが資金が不足している。

●将来の成長について、非常に楽観的な見通し公表をしている。

●実態と異なるノルマに一致させる会計処理、あるいは業界の慣行から乖離した会計処理を適用している。

●負債比率が非常に高く、債務の弁済が困難である。

●行動規範（行為要領）が実施されていない。

●期末近くに複雑、非通例的な、あるいは重要な取引がある。

●非通例的な関係会社との取引がある。　等

これらの不正の発生を防止または発見するために企業に導入される代表的な不正対策として、次のような施策がある。

1　不正対策ホットライン、または匿名報告システムを設置する。（A fraud hotline / Anonymous reporting mechanism）

2　従業員、マネジャーに対して不正リスクに対する認識向上または倫理に関する訓練・研修を実施する。（Fraud awareness / Ethics training）

3　内部監査部門または不正検査部門を設置する。（Internal audits / Fraud examinations)

4　定期的に抜き打ち監査を実施する。(Surprise audits)

5　外部監査人による監査を実施する。(External audits)

このうち、導入実績が最も高いのは最後の外部監査であるが、相対的に効果が薄い。逆に導入実績はさほどでもないが効果が大きいのは、最初の内部通報制度などのホットラインや不正対策研修である。

内部監査を担当する者は、不正の一般的形態や個人レベル、会社レベルでどのようなことが起きたかについて、過去事例に基づき不正の兆候を知る必要がある。兆候の理解は、内部統制の検証視野を広げ、不正可能性への予知能力を高める。そのうえで、監査担当者は内部統制を注意深く評価し、不正活動を抑止する必要がある。

その30

コンサルティング会社選びで失敗しないために

コンサルティング会社のパートナークラスが行う導入についてのプレゼンテーションは巧みだが、実際の支援は若手が担当することが多いことに気をつけよう。

いまやコンサルタントの時代である。

有価証券報告書等の記載内容の適正性に関する代表者確認書の添付と異なり、二〇〇六年五月に施行された会社法では、内部統制の整備が格段と厳しくなった。財務報告のみならず、広く業務の適正を確保する体制が求められる。重要情報の管理体制、リスクマネジメント体制、業務の有効性、効率性を確保するための体制、コンプライアンス体制などなどである。内部監査は、これら内部統制全般の有効性、効率性を評価し、改善する重要な役割と責任を負う。

会社法などの法律用語への習熟もさることながら、自社の業種と規模など身の丈に合った内部監査業務を遂行するには相応の専門性が必要となる。監査部員への継続的で体系的な教育研修制度を構築するには時間がかかる。そのような時に、外部の専門家の力を効果的に活用したいと考える経営者や内部監査部長は少なくはない。

この時代、コンサルティング会社は多くのクライアント（取引先）を抱え、内部統制や内部監査の分野への支援も簡単ではない状況にある。社会全体がこの分野の人材難というのが、正直なところだろう。

内部監査のノウハウを外部コンサルティング会社から得る場合に留意することは、コンサルタントはすべての分野の専門家ではない、一般に、依頼者側からは派遣される外部のコンサルタントは先生のように広範な知見を有し、何でもできるようにみえる。実際、いろいろと相談しても、誠実に回答もしくは参考意見を提供してくれることが多い。しかし、現実問題として、それぞれに得意分野があり、内部監査に精通しているコンサルタントは期待するほど多くはないということだ。無論、経験豊富なパートナーやディレクタークラスは別だろうが、内部監査の専門的な研鑽や監査業務の実経験を積んできた者がうまく派遣されれば良いが、はずれると怖い。コンサルタント会社による提案のコンペの段階では、契約をとれるか逃すかの瀬戸際ゆえに、トップクラスが出向くことが多いが、いざ業務支援の段階で担当が変わってしまうことも多い。もちろんプロジェクトの最終段階の報告会には、再び責任者が登場するが、企業にとってより重要なのは契約期間における業務支援の内容である。

内部監査の経験の浅いコンサルタントで失敗しないためには、提案の段階で実際に現場において支援を担当するコンサルタントと直に面談することである。企業側の意図や目的を十分説明し、それらへの経験や知識、反応やトーク（説明力）をじっくり観察する。これを行うと後日後悔することがぐっと少なくなる。なぜなら、後悔は自分の責にあるからである。当然ではあるが、コンサルティング会社は豊富な人材を擁していることから、理論的には通常総力を結集して支援すると考える。しかし、企業からすれば派遣されたコンサルタントの支援の品質がすべてである。実務に役立つ支援を受けたいと願う。

内部監査については、経営者の内部統制整備への強い姿勢もあって、近年内部監査の人員を増加する傾向にある。次の課題は、増員された人材の教育と監査の品質の向上である。そこで外部のコンサルティング会社の力を借りることは、コスト的にも効率性の観点からも理にかなっている。内部監査部長が留意しなくてならないことは、表面的な提案書や説明に惑わされることなく、実際に現場で支援するコンサルタントと面談し、じっくりと自分の求める知見の有無を判断することである。これが、内部監査部とコンサルティング会社の双方が〝Ｗｉｎ＆Ｗｉｎ〟の関係になる秘訣である。

その31 丸投げすると墓穴を掘る〝アウトソーシング〟

内部監査のアウトソーシングを検討する企業は多いが、必ずしも期待した成果は得られない。特定の専門領域の監査を部分的に外部委託する場合でも、内部監査の基本的なプロセスが確立されていないと、失敗に終わる危険性が高い。

内部監査業務の外部委託にアウトソーシングとコソーシングがある。前者は、金融派生商品のリスク管理態勢やシステムリスク管理態勢など高度な業務知識と監査経験を必要とする特定分野の監査を外部の会社へ業務委託するものである。どちらかというとお任せ的な方式といえる。一方、後者のコソーシングは、あくまで人的資源の補完的色合いが強く、人材を補充し応援してもらうものである。どちらも外部の監査資源を有効活用するという点では、すべての会社にとって導入を検討する価値はある。

しかし、これらアウトソーシングにせよコソーシングにせよ、安易に飛びついてはいけない。期待したほどの導入成果を得ることができないことがあるからだ。それは、監査業務を受託する外部コンサルティング会社や監査法人などの問題というより、むしろ外部委託する会社側の体制の問題に起因する。外部委託の費用も馬鹿にならないため、余計に後日悔いを残す羽目となる。コソーシングよりアウトソーシングのほうがその傾向が顕著にでるので、アウトソーシングを念頭に置いて話を進めることにする。

監査業務を外部委託する場合、まず委託者と受託者双方で事前に十分な打合せをする必要がある。監査業務の最終責任は、当然のことながら委託者にある。それを忘れてしまうか、あるいは外部コンサルタントは専門家であると過剰意識したために、遠慮して主導権を譲ってしまうことがある。外部委託した監査に関して、通常の監査と異なるプロセスを採用する必要はまったくない。どの会社も内部監査規程や内部監査運用マニュアル等で監査プロセスを詳細に定め、計画書や監査プログラム、監査報告書等の監査調書の様式を制定していると思われる。外部委託する業務に関しても、すべて委託者のプロセス、様式を踏襲することを前提として進めるべきである。外部委託したものがいくら優れたものでも、一度の監査といっても、通常と異なるプロセスを踏むことになれば、品質管理の整合性や一貫性の観点から逸脱してしまう。これは避けるべきだ。アウトソーシングの採用が現行の監査プロセスを高度化することを目的として、パイロット的に試行する、というのであれば理解できないわけではない。多くの場合、先に示した業務の専門性や人的資源の確保であり、なおさら、監査プロセスとは関係のないことである。整備された監査プロセスに準拠してもらうため、事前に両者で十分な打合せを行う。往査期間におけるプログラムの進捗管理や改善指摘事項の情報共有、監査チームの打合せにはプロパーの担当者と同様に行動してもらう。一方で統制への監査の視点や指摘事項の表現力、監査調書のまとめ方などは、プロであるゆえに参考となる点は多々あるはずである。監査の基本プロセスをぶらさず、プロの視点の深さを享受する、そんな気持ちで導入すると、期待値と実績が程よくつりあうはずである。意外と知られていないことだが、外部委託を受けた者は口には出さないが、委託者のレベルをよく観察しているものである。委託者のレベル以上のサービスを提供することは期待できないと考えたほうがよい。

アウトソーシングやコソーシングは、導入目的を事前によく検討すべきである。丸投げはお金の無駄といわざるを得ない。専門領域や人的資源の活用では、内部監査の基盤である監査プロセスや監査調書の体系などを十分整備してから行う必要がある。整備が完了した段階で主導権をもって採用すると、期待した成果を得ることが可能となる。

その32

CSA（内部統制の自己評価）はトップダウンで導入せよ

内部監査の方法に内部統制の自己評価を行うCSA手法がある。これはJ‐SOX同様に、経営者の主導によるトップダウンアプローチで導入を検討することがよい。全社レベルで内部統制の目的、リスク、コントロールの啓蒙が促進され、全社的な効果が期待できる。

内部監査人協会の定義によれば、ＣＳＡは「内部統制の有効性が検証され、評価されるプロセスである。この目的は、すべてのビジネス目的が達成される合理的な保証を与えるものである」とある。内部監査の定義にそっくりである。内部監査もまた、組織体の目標の達成に役に立つことにあり、改善するために行われる独立にして客観的な保証活動である。ＣＳＡが内部監査の一つの手法といわれるゆえんである。

ＣＳＡの実施方法には、ワークショップアプローチ、サーベイ調査アプローチ、そして経営者によるＣＳＡを活用した経営者作成の分析がある。このうち最も一般的な活動は、最初のワークショップである。与えられた目的あるいはプロセスのリスクとコントロールを評価するために、六〜一五人程度の当該部門の管理者レベルのメンバーが集い、二〜四時間程度のワークロードで解決策を検討する。内部監査部門は、司会役のファシリテータ（Facilitator）と記録係（Recorder）を担当する。形式的には、一九八〇年代に日本ではやった品質管理（ＱＣ活動やＴＱＣ）に似ている。ＣＳＡは、品質管理ではなく内部統制にその焦点を置く。海外では、内部監査部門が主導することが多いが、日本ではこれからである。もっとも日本内部監査協会ＣＩＡフォーラムＣＳＡ研究会の〇五年八月の調査によれば、一七五社が導入ずみという結果が公表されている。斬新で積極的な会社は思った以上に多いようである。

ＣＳＡには、導入前に検討しなくてはならない項目が多い。実施方法、内部統制のフレームワーク、ＣＳＡのオーナシップ、報告主体、経営者の参画、内部監査との関連やＣＳＡの品質保証などである。これらを主体的に検討する部門が必要となる。ＣＳＡの導入効果を最大限に享受するために、特定の部門だけが細々と実施しているというのでは得策とはいえない。導入にあたり、全職員に向けた経営トップからの明快なメッセージが必要だ。ガバナンス強化の一環として内部統制の整備を充実させる責任は経営者にある。職員が部門別の目標やリスク、コントロールを正確に理解し、その結果を独立した部門である内部監査がモニターする仕組みづくりが経営者の目的だ。それゆえに、ＣＳＡはトップダウンアプローチが必要となる。

ＣＳＡ導入のロードマップの例を図表13に示した。

ＣＳＡは内部統制の自己評価であり、その導入メリットは少なくない。ただし、安易に飛びつくものではない。事前の検討事項をしっかり固め、トップダウンによる導入の意思表示が効果的である。二〇〇八年度四月以降の会計年度から本番となるＪ‐ＳＯＸの有効性評価に合わせ、今後導入を検討する会社が多くなることが予想される。内部監査を志す

(図表13)

1st Stage　社内におけるCSAマーケティングおよび啓蒙活動

- 経営者向けプレゼンテーション
- 導入事由、CSAの位置づけ明確化
- 内部監査部門内での試行的ワークショップの実施
- 導入範囲の決定

2nd Stage　組織体に適合するCSAアプローチの選択

- CSAの活動形式
- 内部統制のフレームワークの選択
- CSAオーナシップ
- 報告主体
- 経営者の参加
- 品質管理と保証

3rd Stage　パイロットワークショップの実践

- 部門の選択
- 目標の設定
- メンバリング
- スケジューリング（時期、場所、時間）
- 進め方
- 報告書式

4th Stage　社内への導入戦略の検討

- CSA導入にあたっての資源確保
- 社内基礎研修
- 事前の情報収集
- ワークショップの日程見積り
- ワークショップの時間算定
- CSAリーダー
- 参加者の特定

者にとって、ＣＳＡもまた自身のプレゼンスを高めるチャンスであり、先手を打って今から勉強しておくのも良い。

その33 Ｊ－ＳＯＸの有効性評価、監査力を発揮するのは整備それとも運用？

Ｊ－ＳＯＸにおける経営者の有効性評価の項目に、業務プロセスの整備と運用状況がある。評価作業においては整備が実証性テスト、運用が準拠性テストと考えるとわかりやすい。日頃行う業務監査で実施されるこれらの監査手法がＪ－ＳＯＸで役に立つ。

二〇〇八年四月以降の会計年度から本番実施されるＪ－ＳＯＸでは、財務報告に係る内部統制が有効性評価の対象となる。Ｊ－ＳＯＸは、(1)財務に関連する内部統制の整備、(2)

可視化、(3)有効性評価、(4)不備の是正・改善、(5)内部統制報告書の作成、(6)監査人による監査、が主なプロセスだ。

このなかで、経営者にかわり内部監査部門に期待されるのは、特に業務プロセスの有効性評価である。日頃の業務監査で、プロセスの検証、評価、報告、改善といった一連の保証活動を行っていることから当然ともいえる。しかし、二〇〇七年二月金融庁企業会計審議会から公表された「財務報告に係る内部統制の評価及び監査の基準並びに財務報告に係る内部統制の評価及び監査に関する実施基準の設定について（意見書）」を読み、評価で何を期待されているかが理解できた人間は、残念ながら多くはなかった。

有効性評価は、むずかしく考える必要はない。比較的複雑で専門性が求められるのは、運用状況より、むしろ整備状況の評価である。整備状況の評価は大きく分ければ、財務報告が歪められるリスクが正しく十分に漏れなくとらえられているか、そのリスクに対する手続や管理（コントロール）の有効性、十分性を確認する作業となる。前者は財務報告が正しいことを証明するアサーションを軸として、リスクをとらえると評価しやすい。

アサーションの概念は覚えにくいが、良い方法がある。英語で〝知る〟〝理解する〟という意味の Perceive（パシーブ）と覚える。Perceive のアルファベットを順に、Ｐは

Presentationの〝P（表示）〟、EはExistenceの〝E（実在性）〟、RはRight & Obligationの〝R（権利と義務の帰属）〟、CはCompletenessの〝C（網羅性）〟、VはValuationの〝V（評価の妥当性）〟、最後のAはご愛敬でEをAと読み替え、Allocationの〝A（期間配分の適切性）〟と覚える。これらアサーションを基準として、リスクを考える。つまり、実体のない架空取引が発生するリスクは〝実在性〟が損なわれるリスク、起票相違あるいは起票漏れが発生するリスクは〝網羅性〟が確保できないリスクとなる。個々の取引の発生から財務報告に計上されるまでの流れを想定して、特に、取引の上流すなわち最初の段階で損なわれるリスクが高いのは、〝E〟〝R〟と〝C〟である。逆に、取引の下流すなわち終盤で損なわれるリスクは、〝P〟や主計財務の〝A〟や〝V〟である。

これらを予備知識として、業務プロセスのコントロールの有効性を整備状況で評価する。有効性評価は実証性テストそのものである。整備状況の評価が頭を使うといわれるゆえんである。

一方、比較的容易と思われるのが、運用状況の有効性評価である。こちらは、財務報告に係る整備状況ができていることを前提として、コントロールのなかでも特に重要なキーコントロールを選択して、それが正しく行われているかを確認する。つまり、可視化されたリスクコントロールマトリクス（ＲＣＭ）に記載されたキーコントロールへの準拠性をサンプル調査で、証憑を検証する作業である。毎日発生する取引を例にとると、その発生件数に応じて二五件から六〇件のサンプルが必要となる。しかも、直近の取引ではなく、乱数表等を用いて会計年度期間内に発生した取引を偏りなく抽出することが求められる。これは力仕事だ。評価作業そのものは、ａ準備されたサンプル件数が確かにあることの確認とｂコントロールで説明された内容、たとえば責任者の承認印の有無の確認などである。確認自体は単純でさほど複雑な作業ではないが、コントロールのサンプルの数の証憑を確保するのは根気のいる仕事である。

Ｊ‐ＳＯＸの有効性評価は、通常の業務監査をしっかりやっている限り、むずかしく考える必要はない。むしろ、新商品の業務監査で、複雑な仕組みを理解し、あらゆるリスクを想定し、監査プログラムを策定するほうがよほど高度といえる。ことさらＪ‐ＳＯＸを高いハードルと悩む必要もなく、清々粛々と評価作業に取り組んでいただきたい。そのなかでも整備状況の有効性評価には実証性テストが役立つことを、心に留めておいてほしい。

その34

上場審査における内部監査体制の評価のポイント

新規株式公開（IPO）を予定する企業にとって、内部統制の整備は喫緊の課題である。なかでも、内部統制の有効性を監視する内部監査機能の構築には特別の要点がある。ここに力点を置かずして、証券会社の引受審査で及第点を得るのはむずかしい。

証券会社が新規株式公開（IPO）企業の適格性を審査する項目に内部監査がある。東京証券取引所は二〇〇八年度より、新規上場のあった案件に関し、幹事を務める証券会社に対して、上場の適格性や財務の健全性を十分に調べているか、社内審査担当の引受部門の独立性、審査に関する社内規則の整備状況、企業情報の管理状況などについてあらたにチェックする特別考査を始めた。

IPO企業にとっては、財務の正確性や健全性と同様にミニマムスタンダードの内部統制の整備が経営者の重要な課題となった。それゆえに、証券会社では、ＩＰＯ企業に構築された社内の内部統制について、内部監査の体制等のハード面の整備状況と内部統制を監視する内部監査業務の有効性といったソフト面の両サイドから、評価していくことになる。短期間に、ＩＰＯ企業の内部監査体制をどう評価するか、広く浅く、効果的に審査することは、簡単なことではない。

ＩＰＯ企業における内部監査の体制整備の要点は四つある。ここをおさえることによって、上場審査で体制等のハード面の致命的な欠陥や、有効でない内部監査といった評価を受けることを回避できる。つまり、上場審査ではこのポイントを注意深く検証する。

第一に、内部監査の組織上の報告経路である。これは内部監査部門にとって、最も重要な〝独立性〟が確保されているかを判定する。内部監査の立場から、この独立性が阻害されてしまうと、いかに内部監査活動を効率的かつ効果的に実施しても、内部統制の有効性の評価そのものが水泡に帰してしまうことがある。だれに対して報告するのか、報告を受けるものの地位や職責などがポイントとなる。内部監査部長の任命、罷免の権限、内部監査業務に実行性をもたせるための予算確保の独立性などもまた必要なことである。出張費や研修教育費など予算の面で適切でない制限を受けることによって、内部監査を遂行すること自体がむずかしくなるからである。

次は、内部監査の規程の整備状況である。内部監査規程および内部監査の運用マニュアル等運用規則などの規程が十分に作成されていない限り、何を根拠に内部監査活動を行うことができるのかが不明なため、その実施は大変むずかしい。内部統制や内部監査は、上場の適格審査が終わってしまえば、それですむというものではない。企業を存続させる継続性がその生命である。内部監査の継続性は、内部監査規程の充足度合いと内容の完成度によって実現可能となる。これらが、十分に整備されていない企業の内部監査は、その有効性も推して知るべしとなる。

第三は、年度監査計画の策定プロセスである。内部監査部長が鉛筆を舐め舐め、年度の監査計画を作成しているような企業では、社内の内部統制の重要な箇所に、牽制が十分に働いているとはいえない。内部監査は、内部統制を評価し、改善していくことで、その存在価値が立証できる。年度の監査計画は、その意味で社内の内部統制全体を鳥瞰し、リスクの軽重からその優先順位を判断した結果を示したものでなくてはならない。その計画のプロセスがしっかり可視化されている企業は、相当に内部監査に力を入れていると判断できる。

最後は、内部監査を行う者の専門性である。内部監査に専門性が必要なことは論をまたない。特に、内部監査部長には専門性が最も求められる。その専門性をどう評価するか。一つは、本人の職歴を調べる。内部監査の実務をどの程度経験しているか。年数の長さだけでは単純に、その良し悪しを決められないが、最低二年は必要だ。新規上場を目指す企業にとって、この程度はミニマムスタンダードといえるのではないか。てっとり早い方法は、内部監査の専門的な資格を有しているかを確認することである。実務経験と異なり、内部監査の資格の保有は、相当な時間をかけて内部監査の基本を勉強した証左となる。

これら四つの条件が満たされることによって、内部統制の整備の一環である。牽制機能としての内部監査の体制を重視する経営者の姿勢が確かなものといえる。

第6章 市場価値の架け橋

その35

内部監査の人的ネットワークを活用せよ

内部監査は、ビジネスに直結したリスクに対するコントロールの有効性を評価する。評価のために必要なビジネス動向や内部監査の動向等は日本内部監査協会や日本公認不正検査士協会などのネットワークをうまく活用することが望ましい。

内部監査は会社のビジネスの動向に密接に関連する。企業目標を達成するための組織・体制や経営方針、運営態勢、取扱商品などの内部情報や経済・金融動向、顧客や市場の変容などの外部情報は、タイムリーにその変化をつかむ必要がある。これらは、直接的に内部監査業務に影響を与えなくとも、時期をずらして間接的に影響を与える場合がある。米国では企業のM&Aに関連した合併前監査や合併後監査、また買収対象の調査を意味するデューデリジェンスにおいても、専門家として内部監査人がかかわるようになってきた。

内部監査の情報領域は広いため、監査業務に邁進しながら、一人で多種多様な情報を入手するには時間的にも物理的にも限界がある。ここでぜひお勧めしたいのが〝ネットワークを活用せよ〟ということだ。

一番よいのは、自分のネットワークを構築することだが、それには時間がかかる。幸いにも志を共にする友人がそばにいれば良いが、現実にはむずかしい。そのような時に活用したいのが、既存の内部監査関連の専門協会の組織だ。日本内部監査協会には、法人会員であれば参加可能な研究部会がある。銀行証券部会、生命保険部会、損害保険部会、私鉄部会、貿易商社部会、流通部会、情報産業部会、電機部会などである。それぞれの部会は隔月等定例的に会合を開いている。そのような機会に積極的に参加し自ら名刺交換を行う。せっかく出席しても、ただ黙って座っているだけではネットワークの構築などおぼつかない。積極的に発言し、日頃思っている意見を述べる。恥ずかしがる必要もなく、遠慮など毛頭する必要もない。いったん知己を得れば、部会に頼らず個人的にメール等で連絡を取り合えば、生きた情報交換ができる。ここで、一つ注意しておくことがある。くれぐれも打算に走らないことである。たまに他人のものは自分のもの、何でも利用したがる輩《やから》がいるが、お互いが真摯にお付き合いしてほしい。

このように、時間をかけて築き上げた仲間同士の情報交換は必ず役に立つ。内部監査業務に携わる者が共通してもつ悩みの一つに、困った時や悩みがある時に聞く相手が身近にいないことだ。上場企業といえども、部員がせいぜい一～三名の内部監査部門は多い。そうかといって、コンサルティング会社を利用すると高くつく。そういう時に気軽に聞ける同志の存在はありがたい。

内部監査にもネットワークが有効だ。内部監査で企業経営に貢献する同じ志をもつ仲間と切磋琢磨し、高度な内部監査業務を実現するとともに、お互いに成長する。タイムリーな情報を共有し、その成果を内部監査業務にぜひ生かしてほしい。

その36 研修・セミナーの情報を共有せよ

限られた予算で効率的で有用な研修・教育を実施するためには、参加した外部セミナー、スクール等で入手した資料のマスターファイルを必ず作成する。部員間で情報を共有し、資料を題材にして部内勉強会を開催するのも効果的である。

コンサルティング業務を通して、さまざまな会社の内部監査部門に接する機会があるが、意外に実行されていないのが研修資料の情報共有だ。個人主義が尊重されているのか、部内のコミュニケーションが滞《とどこお》っているせいか、貴重な資料が個人の机やキャビネに入れっ放しではもったいない。監査業務を離れてせっかく外部セミナーに参加しても、帰社後、報告書も資料回覧もなくファイル保管されるだけでは非効率きわまりない。

コスト削減の経営環境下では、十分な教育・研修費用を確保することはむずかしい。また、予算が確保されたからといって、闇雲《やみくも》に予算消化をすればよいというものでもない。限られた予算で最善の効果を期待するには、体系的な研修制度の確立が不可欠である。計画的な教育・研修が施されてはじめて、内部統制の向上、改善に資する完成度の高い内部監査が実現できる。

内部監査部員の教育・研修に関して、効果的ないくつかの提言がある。

まず初めに、教育・研修は〝初年度〟に行うことを徹底する。着任後、最初の六カ月は特に大切な時期だ。研修と並行して監査業務の実践をある程度行えば研修内容の理解も深まり、次の監査業務に役立つはずである。この研修で内部統制の基本的な考え方や内部監査の役割・責任、独立性、リスクアプローチ、プロセスチェックなどの実務に役立つ理論、技術を習得させる。二〇〇七年六月日本銀行公表の調査結果では、金融機関の内部監査部門の職員の平均在籍期間は三七・四カ月になった。最初の一年間に基本的な研修はすませることが肝要だ。第二に、個人別に強化すべき分野の目標を定めることだ。これに基づき効果的な予算配分が可能となる。第三は、情報共有を前提として、同じ研修への複数人数の派遣は原則として避ける。そして、帰社後に参加報告書を必ず作成させ、研修資料や報告書をもとに業後に勉強会などを開催する。参加者本人にとっては復習となり、発表力の強化にもつながる。第四は、入手資料は部内でマスターファイルを作成し、全員に回覧後、共有ファイルに保管する。いつでもだれでも閲覧、参照できるようにしておく。これは重要だ。資料を私有物でなく内部監査部の共有財産にするのである。

最後は、内部監査部の品質管理に関することである。研修セミナーへの外部派遣や部内開催実績は必ず記録をとり、年度別に保管することだ。内部監査の外部品質評価の項目に、内部監査部員の専門性や教育・研修実績がある。年度別の記録はそのための資料でもある。求められた時にいちいち作成するのでなく、先を見越して研修体系のなかに組み込む工夫が、内部監査部長に求められる。

内部監査は〝人〟が実施するものである。その〝人〟への計画的かつ効果的な投資をしない限り、良い内部監査など望むべくもない。研修体系の整備を後回しにせず、将来を見据えて最初に取り組む重要課題と認識する必要がある。研修資料は内部監査部の共有財産として蓄積する。また、受講結果の記録は必ず保管することを心がけてほしい。地道な努力が内部監査の品質を確かなものとする。

その37

専門性を高める捷径《しょうけい》はこれだ――公認資格へのチャレンジ

内部監査関連の資格は、国内資格、国際資格に分類される。いずれの場合も合格は容易ではない。高いモチベーションと強い意志が求められ、忍耐力を伴う多くの時間が必要とされる。しかし、その過程を通じて、内部統制の枠組み、内部監査の基本的な理論やプロセスの習得が可能となる。

内部監査に関する専門的な知識や理論の存在が、品質の高い実務を裏づける。そのために、専門書を買って読むもよし、内部統制やリスクマネジメントに関する講演・セミナーに参加し、先達《せんだつ》の話に耳を傾けるのもよい。肝心なことは、何を勉強し習得するかを系統立てて理解することだ。体系的でない知識を闇雲に詰め込んでも消化不良を起こすだけである。では、どうしたらよいか。ひとに聞いてもなかなか教えてくれない。いじわるをしているわけではなく、わからないというのが本音だろう。

一番堅実で、はずれのない近道は、専門的な内部監査の資格取得へチャレンジすることだ。現在、内部監査の専門的な資格に図表14のようなものがある。

図表14の上部は、国際的な資格で、業務監査関連のCIA、CFSA、CCSAは、IIAが認定するグローバルな資格である。二〇〇八年五月からCBT（コンピュータベースのテスト）が導入され、テスト方法がそれまでの年二回から大幅に増加される。CFEは日本公認不正検査士協会（ACFE）が認定する不正の防止、抑止、早期発見等の対応を目的とするエキスパート向けであり、CISAはISACA（情報システムコントロール協会）公認の国際資格で、情報システム監査人向けである。

下部は日本だけの国内資格である。金融内部監査士、QIA、QISIAはいずれも日本内部監査協会が認定する資格である。

これらの資格の取得がなぜ近道となるのか。まず、ほとんどの資格は試験の出題範囲の内容が相当に広い。

CIAのシラバス（出題範囲）は図表15のとおりであり、四科目（Part I～Part IV）で構成される。これらの知識で内部監査人の能力が試される。一般に公認会計士（CPA）

(図表14)

資格の名称	試験日	試験会場
国　際　資　格		
公認内部監査人 ＣＩＡ	年４回、2－3月、5－6月、8－9月、11－12月	各地テストセンター（08.1月公表）
	☆内部監査、監査役監査、公認会計士監査、財務・法務いずれかの実務経験２年以上	
公認金融監査人 ＣＦＳＡ	年４回、2－3月、5－6月、8－9月、11－12月	各地テストセンター（08.1月公表）
	☆金融業での監査実務経験２年以上	
内部統制評価指導士 ＣＣＳＡ	年４回、2－3月、5－6月、8－9月、11－12月	各地テストセンター（08.1月公表）
	☆ＣＳＡ、監査、品質保証、リスクマネジメント等コントロールの実務経験１年以上 ☆７時間以上のファシリテーション実施経験、又は14時間以上の同研修の修了	
公認情報システム監査人 ＣＩＳＡ	毎年６月、12月の第２土曜日	東京、大阪、名古屋、福岡
	☆情報システム監査、コントロール、セキュリティ分野の実務経験５年以上	
公認不正検査士 ＣＦＥ	毎年２月、６月、10月第３土・日	東京
	☆不正対策に関連する職業経験２年以上等	
国　内　資　格		
金融内部監査士	通信講座か集中講義の受講	
	☆実務経験２年以上	
内部監査士 ＱＩＡ	年３回認定講習会を開催	東京、大阪
	☆所定の講習の受講と修了論文の認定	
情報システム監査専門内部監査士 ＱＩＳＩＡ	年１回認定講習会を開催	東京
	☆所定の講習の受講と修了論文の認定	

（図表15）

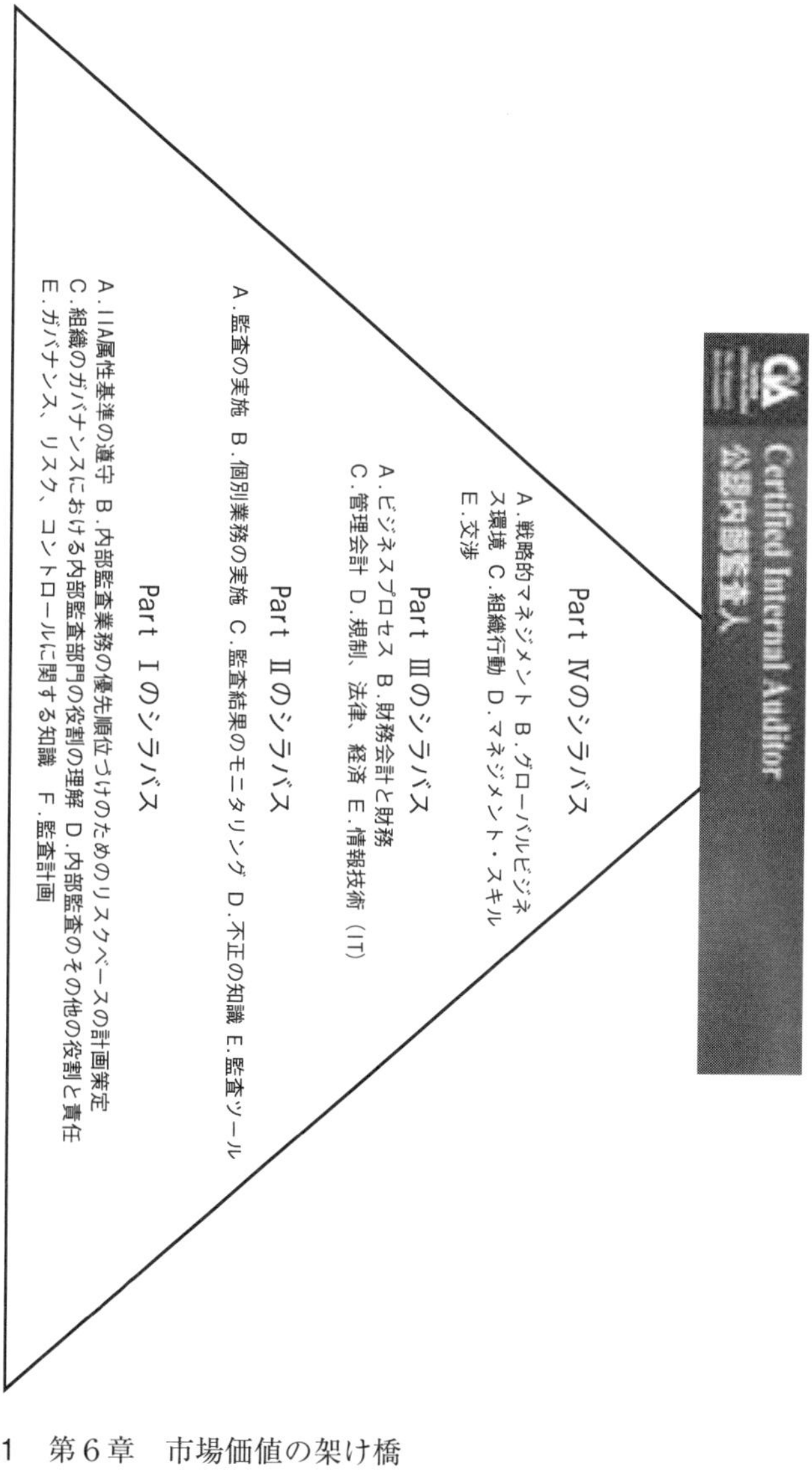
CIA Certified Internal Auditor 公認内部監査人
Part Ⅳのシラバス
A.戦略的マネジメント B.グローバルビジネス環境 C.組織行動 D.マネジメント・スキル E.交渉
Part Ⅲのシラバス
A.ビジネスプロセス B.財務会計と財務 C.管理会計 D.規制、法律、経済 E.情報技術（IT）
Part Ⅱのシラバス
A.監査の実施 B.個別業務の実施 C.監査結果のモニタリング D.不正の知識 E.監査ツール
Part Ⅰのシラバス
A.IIA属性基準の遵守 B.内部監査業務の優先順位づけのためのリスクベースの計画策定
C.組織のガバナンスにおける内部監査部門の役割の理解 D.内部監査のその他の役割と責任
E.ガバナンス、リスク、コントロールに関する知識 F.監査計画

の資格取得に一二〇〇時間はかかるといわれる。筆者の雑駁な想定では、（無論個人差はあるだろうが、）ＣＩＡ取得に四科目で八〇〇時間程度は必要となろう。この期間に、内部監査の基本から内部統制、リスクマネジメントなどに必要な広範な分野の勉強をしていく。これは、自分の将来に対する貴重な投資となる。よく合否の発表時期だけ、社内で異常な盛り上がりをみせることがあるが、合否は時の運。よしんば、不幸にも受験科目の合格を得ることができずとも、それまで頑張った時間は決して無駄になることはない。必ず、その後の監査業務に結実するはずである。だからといって、これら専門資格の試験は途中でチャレンジを諦めてはぜったいだめだ。取得するよう最後までやり遂げる。どんなに挫けそうになっても頑張り続けて、最終的に主催本部から正式な認定証が届いた瞬間に、それまでの苦悩、苦労が吹き飛んでしまう。陰ながら応援してくれた家族共々、達成感に溢れること請け合いである。

内部監査の専門性を身につけるには、専門的な資格へのチャレンジが近道である。焦らず余裕をもった取得計画を策定し、モチベーションを最後までもってやり遂げることが大切だ。合格への近道は紙面の都合で割愛するが、勉強のために仲間を募り、競争でなく切磋琢磨することが効果的な方法となる。

その38

自分の専門領域を確立せよ

内部監査には財務、市場、情報システム等の専門領域がある。自分の強い専門領域をもつと同時に、その領域を広げる努力を惜しむべきではない。内部監査人としての実力は、内部監査の基本理論と多彩な実務経験、そして強い専門領域をもつことで立証される。

世界に内部監査を業とする七万人のプロフェッショナルがいるといわれる。それぞれが得意とする分野、すなわち専門領域をもっている。

プロの世界では、内部監査人はその専門性によって三者に分類される。財務分野をはじめとする業務監査中心のフィナンシャルオーディター、デリバティブ取引等金融派生商品を含む市場取引の監査専門のトレジャリーオーディター、そして情報システムの監査に精通するＩＴオーディターである。これらのオーディター、正確にはインターナルオーディター（Internal Auditor）のうち、市場価値がより高いのは、トレジャリーオーディターとITオーディターである。一般業務に比較し、より高度な業務経験や専門的な知識を必要とされるからである。

日本では、内部監査人に対するそのような明確な区分はまだ一般的ではない。というよりむしろ、内部監査の雇用や人材市場そのものが成長途上にあるといってよい。内部監査を志す者にとって、海外のプロがもつ専門領域は今後の日本の内部監査の方向性に一つの示唆を与えてくれる。内部監査の基本的な理論を習得し、リスクアプローチに裏付された監査実務を十分に積み、さらにCIA等国際的な価値のある専門資格を有していたとしても満足してはいられない。知識と実務経験と専門領域を織り成すことによって、内部監査人としての深みがさらに増すことになる。しかし、簡単なことではない。それぞれの領域もまた奥行は深い。

日頃、それぞれの会社で業務監査を担当している者は、しいて分類すれば、自分はフィナンシャルオーディターと位置づける者が多いだろう（おそらくそうかもしれない）。一方で、二〇〇七年二月企業会計審議会から、J‐SOXに関する意見書が公表されたのち、今日に至るまで、コンサルティング会社は実に多くの企業から有効性評価に関する支援を求められてきた。逆に支援を要請された監査法人などが人材不足で、急遽新聞広告で内部監査人を募るほどである。

財務業務を中心とするフィナンシャルオーディターにとって、整備状況や運用状況の有効性評価は、日頃の業務監査となんら変わることのないもので、特別なものではない。J－SOXに関連する監査法人の考え方や簡単な指針さえあれば、少なくとも何を必要とされているか、何をしなければならないか、結果として何を残すかぐらいの理解はむずかしいことではないが、フィナンシャルオーディターの世界もまた、それほど簡単なものではなく裾野は広い。

目の前の業務監査の実施に満足することなく、研鑽しなくてはならない領域は限りない。簡単に手が届かないがゆえに、内部監査の仕事はおもしろい。奥も深いし、ビジネスがこの世に存在し発展していく限り、到達点がないともいえる。

内部監査の専門領域は大きく三つに分類される。自分のこれまでの経歴や将来への自己投資を含め、どの分野の専門家となるかの目標をもつことが大切だ。また、専門性は一つで満足することなく、一つを凌駕した後はさらにスパンを広げるチャレンジ精神がさらなる成長への礎となる。

おわりに

内部監査は、やればやるほどおもしろいと感ずるが、はやりやブームと同じ乗りでは続かない。この世に株式会社が存在する限り、時代の趨勢に左右されない息の長い専門性があり、間接的ではあるが、企業経営に参加している感覚すら味わうことができる。

学業を終え、すぐに内部監査の職業に就く者がいた。驚くべき現実を知ると同時に斬新な職業という印象をもった。一九九七年三月米国での話である。

九二年九月ＣＯＳＯから内部統制の統合的枠組みが公表されてから、わずか五年後のことである。米国の企業社会において、内部監査人はすでに専門職として認知され、人材斡旋を生業とするエージェントでは、職種別、ポジション別、経験別に年棒の統計がとられている。一般人でも容易に、これらの統計情報が入手可能な社会である。この状況をみるにつけ、日本も遅かれ早かれ似たような環境になるのではないか、と直感した。

内部監査は常に内部統制と対峙する。内部統制の有効性、効率性を評価するのが内部監査だからだ。続発する企業不祥事や会社ぐるみの不正を背景に二〇〇六年五月会社法が施行され、委員会設置会社に加えすべての大会社における内部統制の整備が遂に法制化された。さらに、同年六月には金融商品取引法が成立し、財務報告に係る内部統制の評価が上場会社の経営者に求められた。かくて否応なく内部監査が内部統制の監視者として注目を浴びるにいたった。経緯はどうであれ、内部監査を志す者がここ数年急増し、ＣＩＡの資格保有者は三一〇〇名を超えた。しかし、まだまだ人材の数も質も日本には不足している。人材の底辺が拡大し、比例して全体の質が上がれば、内部統制の品質もあわせて向上するはずである。本書やわたしが行う講演やセミナーは、ひとえに内部監査のレベルと基盤拡充を目指してのものである。

最後に、確かな専門性を身につけ、内部監査のプロになるためのアドバイスを一つ。まずは自分への投資を惜しまず、自己の価値を高める努力を続ける。自分が目指すキャリアモデルを設定し、一歩一歩着実にノウハウを蓄積していく。次に、雇用市場に常に目を向け、マーケットがどのような人材をどの程度求めているのか、ニーズへの嗅覚を高める。ネットワークを構築し、自分の存在を知らせる。最後に、組織に入ってはそこの価値観に合わせることが肝要だ。経営者の胸の高さに合わせたボールを投げる。たとえ胸元でも思わず避けたくなる豪速球や、頭上をはるか越えたボン球は組織のなかでは評価されない。目線を合わせ、少しずつ目標とする内部統制の環境を実現する粘り強さが求められる。会社への内部監査の貢献に接することにより、経営者はその重要な役割と機能の効果をあらためて認識することになる。

個人の価値、市場が求める価値、組織が求める価値の三つが一致したとき、内部監査の仕事に無上の喜びを得ることができるだろう。

謝 辞

本書の出版にあたっては、㈳金融財政事情研究会出版部の石丸和弘氏、同研修センターの権田康仁氏のご指導、また日本郵政公社（現日本郵政株式会社）監査部門壽見眞徳氏をはじめ、内部監査を牽引する多くの仲間との交流を糧として、上梓することができました。心よりお礼申し上げます。そして、アイ・エー・アークコンサルティング株式会社を共に起こした近藤康子とそれぞれの得意分野で私の支えとなった家族に感謝の意をあらわしたい。

近藤　利昭（こんどう　としあき）

E-mail：iaarc@t03.itscom.net
アイ・エー・アークコンサルティング株式会社　代表取締役
（http://home.t03.itscom.net/iaarc/）
CIA（公認内部監査人）、CCSA（内部統制評価指導士）、CFE（公認不正検査士）

【略歴】

1976年三井銀行入行。三井住友銀行監査部上席考査役、KFi株式会社マネジャー、野村證券株式会社インターナル・オーディット部IT監査チームリーダー、IBMビジネスコンサルティングサービス株式会社シニアマネージングコンサルタントを経て、アイ・エー・アークコンサルティング株式会社を設立し、現在に至る。

米国での8年にわたる海外勤務経験と欧州・アジア諸国への豊富な海外出張経験を生かし、97年ニューヨークで北米拠点の内部監査を管轄する米州検査室を開設。COSOを基本とする内部統制およびリスクアプローチ監査を現地プロから修得。99年帰国後、公表された金融検査マニュアル対応では検査から監査への抜本的な改革へ尽力。金融庁をはじめ、米国、英国、シンガポール等主要金融当局へ監査組織や監査手法を説明。三井住友銀行合併後新設された監査部で、グローバルなリスク評価モデルを構築。02年4月よりプロの内部監査人として、監査体制整備、品質評価（QAR）、J-SOX等コンサルティング活動をはじめ、講演、研修、執筆等実務に裏付けされた内部監査業務に邁進。日本の内部監査発展をライフワークとし、地道な活動を続ける。

【著書・論文】

「これが金融機関の内部監査だ2nd edition」　共著　㈳金融財政事情研究会
「日本金融機構内部稽核指南」（中国語）　共著　台湾金融研訓院
「営業店金融検査マニュアル実践講座」（通信講座）　監修　㈱きんざい
「日本版SOX法の鍵と心髄」　IBM金融ソリューションNEWS 06. 6号
「企業不祥事を未然に防止するシステム」　週刊金融財政事情06. 2.27号
「内部監査の付加価値を高めよ」　週刊金融財政事情03. 6.23号

【主な講演活動】

千葉商科大学大学院リスクマネジメント講座　特別講師
事業創造大学院大学企業倫理講座　特別講師
㈳金融財政事情研究会主催　金融内部監査人養成スクール　専任講師
ストック・リサーチ経営研究セミナー　講師
㈱ジェイエーシージャパン内部監査キャリアセミナー　講師
㈱経済法令研究会主催　金融内部監査士フォローアップセミナー　講師
日本郵政公社（現日本郵政株式会社）郵政大学校・本社監査部門　講師
他多数

すべての経営者・
内部監査人へ捧げる 内部監査を活かす術
——プロがあかす監査業務の38の極意

平成20年８月11日　第１刷発行

著　者　近　藤　利　昭
発行者　倉　田　　　勲
印刷所　文唱堂印刷株式会社

〒160-8520　東京都新宿区南元町19
発 行 所　**社団法人 金融財政事情研究会**
編 集 部　TEL 03(3355)2251　FAX 03(3357)7416
販　　売　**株式会社 き ん ざ い**
販売受付　TEL 03(3358)2891　FAX 03(3358)0037
URL http://www.kinzai.or.jp/

ISBN978-4-322-11316-7